INHALT

EINFÜHRUNG

Das vorliegende Heft zeigt den Versuch auf, den ganzheitlichen Weg der Religionspädagogischen Praxis im schulischen Religionsunterricht zu gehen. Maßgeblich ist dabei die Feier der Feste des Kirchenjahres. Durch das Erscheinungsdatum des Heftes bedingt, wird der Gestaltung der Fasten-Osterzeit besonderes Gewicht zugemessen.
Erprobt wurden die einzelnen Vorschläge in einer ersten und zweiten Klasse einer ländlichen Grundschule. Der Klaßlehrerin, Frau Marianne Strasser, gebührt Dank für ihr Mühen, Religionsunterricht erlebnishaft zu gestalten.
Praxisorientierte Vorschläge wollen Anregung vermitteln. Sie bedürfen stets einer Umsetzung hinein in die eigenen Gegebenheiten und Möglichkeiten. Bei Übertragung in den Elementarbereich wird zu bedenken sein, daß die Reflexion, das Gespräch in den Hintergrund tritt und das erlebnishafte Tun mehr Stellenwert erhält. Die Gestaltung eines Bodenbildes genügt. In der Grundschule bekommt mit dem fortschreitenden Alter der Schüler die Reflexionsstufe zunehmend Gewicht. Das Bodenbild bedarf einer Fortführung in der Tafelanschrift, Tafelzeichnung und z. B. in der Erstellung einer Collage. Bezüglich letzteren kann wiederum Zusammenarbeit mit dem Zeichenlehrer nötig sein, wenn der Klaßlehrer bildnerisches Gestalten nicht selbst unterrichtet.
Zur Collage, die in unserem Heft als Stilmittel besonders Verwendung findet, sei gesagt: Sie ist ein wichtiger Beitrag zur Förderung der Klassengemeinschaft. Das Ergebnis gehört nicht einem einzelnen Kind, sondern ist erworbenes Eigentum der ganzen Klasse. Jeder Schüler hat darin seinen sichtbaren Platz oder Anteil. Über die Collage ist das bearbeitete Thema visuell im Raum gegenwärtig, auch wenn das Fest, das darin zum Ausdruck kommt, schon längst vorüber ist.
Mögen die aufgezeigten Beispiele zahlreiche Anregungen vermitteln.

Die Herausgeber

FASTENZEIT

INTENTION

Ich möchte die Fastenzeit im Bewußtsein meiner Schüler als Zeit intensiven religiösen Mühens aufscheinen lassen.
Zu Beginn dieser Zeit steht das Zeichen des Aschenkreuzes. Wir gestalten es und empfangen es soweit es der einzelne vermag, auf Hand oder Stirn. In diesem Kreuz begegnen wir einem Zeichen für uns selbst, für unser Gewordensein aus dem Stoff der Erde, für unsere Vergänglichkeit und für unsere Erneuerung. Aus der zu Erde gewordenen Asche entsteht neues Leben.
Die 40 Tage hin zum Osterfest schauen, erfahren und gestalten wir als Weg, der in die Ostersonne mündet. Um den Weg zu meistern, brauchen wir Gepäck, einen Rucksack guter Vorsätze und Taten.
Unsere Erfahrung machen wir im Morgenkreis zu Beginn des Unterrichts. Die Meditation findet aber auch ihre Weiterführung im Unterricht selbst, in Partnerarbeit, Gestaltung eines Tafeslbildes, Hefteintrag und Erstellung einer Collage.

ERFAHRUNGEN

1. Wir schauen Asche an

○ Die Schüler sitzen im Kreis. In die Kreismitte wird eine mit einem grauen Tuch verdeckte Schale gestellt.
Sie wird entdeckt. Als Inhalt zeigt sich Asche.

○ Wer will, darf zur Mitte kommen, die Asche mit den Fingern spüren.

○ Wir sprechen aus, was uns die Asche sagen will, welche Vorstellungen, Empfindungen sie in uns weckt.

○ Unsere Gedanken können sich in einem Liedvers verdichten.

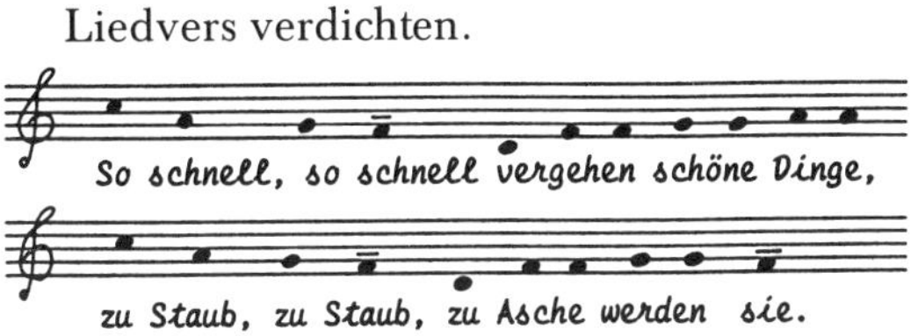

○ Die Schüler erhalten violettes Tonpapier. Sie legen darauf vor ihrem Platz ein Kreuz aus Asche.

○ Wir sprechen vom Brauch der Kirche, zum Beginn der Fastenzeit, am Aschermittwoch, die Palmzweige des letztjährigen Palmsonntags zu verbrennen, die Asche zu segnen und damit die Gottesdienstbesucher zu bezeichnen. Wir deuten dieses Tun als Zeichen dafür, daß Menschen Altes, Schuld, Sünde loslassen und neu anfangen sollen.

○ Der Lehrer bezeichnet die Kinder, die es annehmen können, auf der Stirne mit einem Aschenkreuz, bzw. er legt es ihnen auf die Hände. Die Kinder können sich auch gegenseitig damit bezeichnen.
Wer mag, kann auch einen Wunsch, einen Gedanken dabei aussprechen, z. B. „Jesus hat dich lieb. Gott sei mit dir. Die Fastenzeit beginnt,“ ...

2. Wir sind unterwegs

○ Die Schüler sitzen im Kreis. Sie werden aufgefordert, mit den Augen die Kreisfläche zu erfassen und dann mit den Augen einen beliebigen Weg zu suchen und abzugehen.
– ein Schüler zeigt „seinen Weg“, indem er ihn nun auch tatsächlich abgeht. Wir begleiten ihn mit einem Liedvers.

Text: M. Strasser
Musik: J. Strasser

– Weitere Kinder zeigen ihren Weg. Wir schließen uns dabei an, indem wir uns hintereinander aufstellen und nachfolgen. Dabei singen wir immer wieder obigen Liedvers.
– Ein Kind, bzw. der Lehrer führt die Gruppe an die Wand oder in eine Ecke des Raumes. Wir stoßen an eine Grenze. Es geht nicht mehr weiter. Wir kehren alle um. Unser Liedvers heißt jetzt:

„Der Weg hört plötzlich auf. Wir bleiben alle stehn.
Wir kehren alle um, nur so kann's weitergehen.“

○ Die Schüler erhalten den Impuls, mit den Augen die Kreismitte zu suchen. Ein Kind markiert sie mit einem Gegenstand (Stein oder Holzplättchen).

○ Wir überlegen uns Wege, die zur Mitte führen.
Einzelne Schüler gehen sie:
- den kürzesten Weg – die Gerade
- schlangenförmige, zickzackhafte Umwege
- den Spiralweg, der der längste ist, aber sehr spannend, weil man die ganze Fläche ausgeht und sich langsam aber stetig dem Ziel nähert.

○ Während die Schüler die Augen schließen, gestaltet der Lehrer mit einem gelben Tuch und Strahlen aus gelbem Plakatkarton eine Sonne. Auf ein Zeichen (Cymbel etc.) öffnen die Schüler die Augen wieder.

○ Wir überlegen uns, was unser Bild, unser Tun mit der Zeit zu tun hat, die mit dem Aschermittwoch begonnen hat.
(Ostersonne – Fastenzeit als Weg – Ostern als Ziel – verschiedene Wege zum Ziel – Umkehr kann nötig sein, wenn man nach außen geht, zur Wand, usw.)

○ Kinder legen jeweils zu zweit von ihrem Platz aus mit Steinen, Seilen, Legematerial einen Weg zur Mitte.

○ Wir begleiten unser Tun mit einem Lied:

oder Liedvers:

Wir gehen jeden Schritt, die ganze Fastenzeit.
Wir spüren es genau, Ostern ist nicht mehr weit.

Wir beten:

Wir sind unterwegs, 40 Tage lang zum Osterfest. Jesus, wir wollen mit dir gehen. Jesus, gehe du mit uns. Dein Friede, deine Liebe sei mit uns. Amen

3. Wir packen für unseren Weg einen Rucksack

- Die Kinder sitzen an ihren Arbeitstischen. Der Lehrer zeichnet als stummen Impuls eine Sonne an die Tafel, dazu ein Kreuz. Er verbindet Kreuz und Sonne durch eine Spirale. Erinnerungen an bisherige Erfahrungen werden wach und ausgesprochen.
- Der Lehrer zeigt einen Rucksack. Für einen längeren Weg, eine Wanderung packen wir manches ein . . .
  Für unseren Weg zum Osterfest, damit wir dort gut ankommen, müssen wir auch einiges einpacken. Gespräch . . . .
- Wir nehmen gute Vorsätze mit auf den Weg. Die Schüler überlegen in arbeitsteiliger Gruppenarbeit, was sie einpacken wollen. Jede Gruppe übernimmt einen Bereich:
  Schule – Eltern und Geschwister – Freunde, Nachbarn – ich selbst – Umwelt – Pflanzen, Tiere.
- Die Kinder berichten ihre Ergebnisse.
  Nach jedem Gruppenbericht singen wir als Liedruf:

  Herr, hilf mir Tag für Tag, daß ich neu anfangen mag;
  daß ich nicht auf der Stelle steh, sondern mutig weitergeh.
- Wir halten auf dem Tafelbild die Ergebnisse fest.

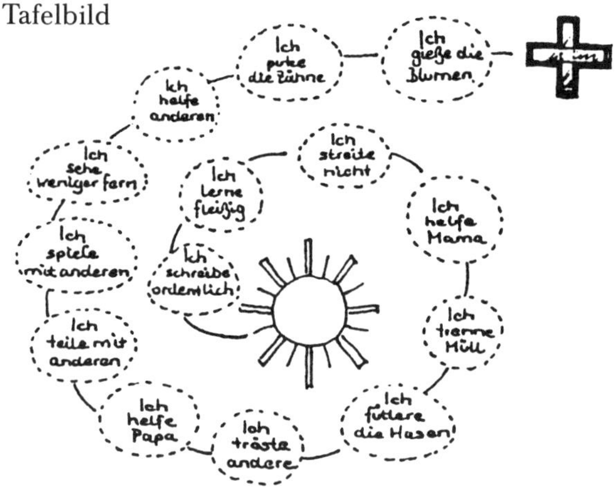

Erstellen der Collage

Wir legen unsere guten Vorsätze als Steine an. Jedes Kind erhält 2 Steine. (Weißes Papier ca. 10 cm). Es beschriftet das eine Papier mit seinem Vorsatz. Auf das zweite Papier malt es seinen Vorsatz. Die Steine werden grau ausgemalt. Ein Kind malt die aufgehende Ostersonne. Auf lila Tonpapier (70 x 100 oder zwei Bogen 70 x 50) wird eine schwarze Scheibe und darauf die Ostersonne geklebt. Ein graues Kreuz (Balkenlänge 10 cm) bezeichnet den Anfang des Weges. Die Steine führen spiralförmig zur Sonne.

Fastenzeit

Am Aschermittwoch beginnt die Fastenzeit.

Sie dauert 40 Tage.

Mein Vorsatz für die Fastenzeit:

Ich sehe weniger fern.

(Die Kinder zeichnen einen Stein, wenn sie den Fastenvorsatz gehalten haben.)

dafür:

PALMSONNTAG

INTENTION

Ein Lied geht mir nicht aus dem Sinn, bewegt mich. „Gott ist da, wo Menschen leben. Gott ist da, wo Leben ist. Gott ist da, wo Menschen hoffen. Gott ist da, wo Hoffnung ist. Gott ist da, wo Menschen lieben. Gott ist da, wo Liebe ist.“
Wie kann ich meine Kinder für diesen Gott öffnen, der Leben, Hoffnung, Liebe ist. Wie kann ich ihnen Jesus erschließen, in dem sich dieses Wesen Gottes uns offenbart? Wie können wir uns anfänglich und dem Alter entsprechend in diesen Haltungen, die Jesus zu eigen sind, einüben? Die Gestaltung des Einzugs Jesus in Jerusalem scheint mir geeignet zu sein, etwas vom Königtum Jesu und damit von unserer eigenen Würde den Kindern transparent werden zu lassen.

ERFAHRUNGEN

1. Wir öffnen die Türen

○ Die Schüler sitzen im Stuhlkreis. Ein kleiner Schlüssel wird verdeckt von Hand zu Hand gegeben. Er soll auf diese Weise erraten, erfaßt werden.

○ Hat der Schlüssel die Runde gemacht, werden die Kinder aufgefordert, mit den Händen darzustellen, was sich mit dem Gegenstand tunläßt:
eine Tür, ein Kästchen, eine Schublade aufsperren usw.

○ Wir spielen gemeinsam
- wie wir eine Haustür öffnen;
- wie wir sie schnell wieder schließen, wenn jemand unwillkommen vor der Tür steht;
- wie wir jemand Ersehnten, Erwarteten einlassen, indem wir unsere Augen, unser Herz, unsere Arme öffnen.

○ Ein Kind steht auf. Es öffnet seine Türe, die äußere (Haustür), wie die innere (Herz). Es lädt durch Augenkontakt jemanden aus der Runde ein, zu ihm zu Besuch zu kommen und nimmt ihn in sein Haus auf.
Wir können das Spiel auch so spielen, daß ein Kind mit geöffenten Armen unter Augenschluß wartet, wer zu ihm kommen, es besuchen will.

○ Wir bedenken, wann wir unsere Türen leichter öffnen, für den anderen offen sind, wenn jemand

- uns anlächelt
- freundlich auf uns zugeht
- uns die Hand gibt
- uns zuhört
- bereit ist, mit uns zu teilen, usw.

○ Wir hören und lernen ein Lied, in dem diese Erfahrungen verdichtet zum Ausdruck kommen und gestenhaft, leibhaft vollzogen werden.

Text und Melodie:
Marianne Strasser

Tanzbeschreibung

Aufstellung: Paarweise gegenüber, im Kreis

1. In mir gibt es viele Türen,	auf sich zeigen
sie gehen auf,	Arme öffnen
sie gehen zu.	Arme schließen
Ich laß dich meine Freude	Hände voreinander ausbreiten
spüren und sag ganz einach du!	mit dem Finger aufeinander zeigen
Die Tür ist auf, komm nur herein!	Arme öffnen, einladende Geste
Wir wollen gute Freunde sein!	mitsammen tanzen
2. Doch sind die Türen auch verschlossen,	Arme vor der Brust kreuzen
denn manchmal gibt es Streit.	Hände zu Fäusten ballen
Mein Herz ist fast verdrossen,	Hände an den Kopf und diesen etwas schräg halten
doch dann bin ich bereit!	Hände öffnen
Die Tür ist auf, komm nur herein!	Arme öffnen, einladende Geste
Wir wollen wieder Freunde sein!	mitsammen tanzen

○ Wir erstellen den ersten Teil unserer Collage. Die Kinder zeichnen auf ein Kärtchen eine Situation, wo wir uns, unser Herz öffnen. Wir drücken diese Situation auch sprachlich aus und beschriften das Kärtchen.

2. Wir öffnen für Jesus die Tür

○ Die Schüler sitzen im Stuhlkreis. Mit einem Seil und Bausteinen wird ein Tor gelegt. Wir singen alle: „In mir gibt es viele Türen“

○ Wir schmücken unser Tor mit goldenen Kugeln und suchen Namen dafür: Goldenes Tor, Festtor, Königstor usw.

○ Wir legen zu dem Tor mit Seilen oder braunen Rhythmiktüchern einen Weg.

– Die Jesuskerze wird entzündet und auf den Weg gestellt.
– Die Kerze wird gekrönt.
– Die Kinder versuchen sich in Deutung des Bildes. „Jesus auf dem Weg zum Osterfest“, usw.

○ Der Lehrer erzählt die Geschichte vom Einzug Jesu in Jerusalem. Siehe RPP 1986-1-15 und 1991-1-50.

○ Wir überlegen, was für ein König Jesus ist, was ihn von den Königen und Herrschern der Erde unterscheidet.
Wir schreiben die Merkmale des Königs Jesus auf gelbe Karten und legen sie auf dem Weg ab:
Friede, Freude, Liebe, Frohe Botschaft

○ Wir schmücken Licht und Krone mit Palmzweigen und singen dabei:

○ Jedes Kind erhält ein quadratisches Tonpapier (8 cm auf 8 cm) in den Farben gelb, grün, orange. Es verziert das Tonpapier mit einem Muster

○ Während die Kinder den Weg mit ihren Bildern schmücken, singen wir erneut unser Lied:
Jesus ist da.

○ Wir fassen uns an den Händen zur Krone.

Wir beten:

JESUS SEI DU UNSER KÖNIG!
DEIN KÖNIGREICH KOMME
AUF DIE ERDE,
ZU ALLEN MENSCHEN,
DEIN REICH DES FRIEDENS,
DER LIEBE,
DES LEBENS! AMEN

COLLAGE – HEFTEINTRAG

Erstellung der Collage

Sie wird als Zusammenfassung unserer Erfahrungen erstellt. Es liegen vor: orangefarbige Rechtecke (8 x 13 cm) bezeichnet mit Situationen, in denen sich Türen öffnen (Ich höre zu, Ich teile ...); Quadrate (8 x 8 cm) in gelb, grün, orange, mit Mustern verziert; Wortkarten in gelb mit den Aufschriften: FROHE BOTSCHAFT – FREUDE – LIEBE – FRIEDEN und eine grüne Wortkarte (10 cm hoch) mit der Aufschrift: PALMSONNTAG. Als Unterlage dient schwarzes Tonpapier (70 x 100) oder zwei Bogen (70 x 50). Bei großen Klassen zeichnet die Hälfte der Schüler die Situationskärtchen, die andere Hälfte die Schmuckkärtchen.

PALMSONNTAG
FROHE
BOTSCHAFT
FREUDE
LiEBE
FRiEDE

Palmsonntag
Jesus zieht durch das Tor von Jerusalem.
Die Menschen rufen:
„Jesus soll unser König sein!"
Liebe
Friede
Freude
Frohe
Botschaft

GRÜNDONNERSTAG

INTENTION

Die Hinführung der Kinder zum Empfang der ersten heiligen Kommunion prägt den Religionsunterricht des dritten Schuljahres. Die Erschließung dessen, was dabei gefeiert wird, beginnt aber bereits viel früher. Wo wir mit Kindern den Tisch festlich decken, Brot und Wein in ihrer Aussagekraft erfahren, Mahl halten, uns in die Rolle der Jünger Jesu begeben und uns um ihn versammeln, Gründonnerstag feiern, bereiten wir die Kinder für dieses wesentliche Fest unseres Glaubens vor.

ERFAHRUNGEN

1. Wir bereiten einen festlichen Tisch

○ In der Mitte des Stuhlkreises breiten Kinder auf einem entsprechenden Tisch oder auf dem Boden eine runde Tischdecke aus.

– Jedes Kind legt ein oder zwei Buchszweige an den Tischrand an
– Wir überlegen, zu welchen Anlässen wir einen Tisch festlich decken: Geburtstag, Feiertag, Hochzeit, Kommunion etc.
– Wir besprechen, wer zu solchen Festen eingeladen wird: Verwandte-Freunde

○ Die Gäste unseres Festes sind wir selber. Wir laden uns gegenseitig ein. Ich gebe einem Kind eine Einladungskarte (runde Scheibe gelben Tonpapiers mit d = 10 cm) Es darf die Scheibe auf der Decke ablegen und gibt seinerseits einem Kind eine derartige „Einladungskarte“.

– Haben alle Kinder ihre Karten abgelegt, so dürfen sie diese noch schmücken mit Perlen oder Blüten. Es sollen sich durch dieses Tun Freude, Erwartung einstellen, eine Stimmung, die für die Gestaltung eines Festes Voraussetzung ist.

2. Wir bereiten Brot und Wein

○ Ein kleiner, in weißes Leinen gehüllter Brotlaib wird entdeckt, und behutsam im Kreis weitergereicht.

– Wer etwas vom Brot aussprechen kann, darf es sagen, z. B. „Ich stille den Hunger, der Bäkker hat mich gebacken, ich schmecke gut", usw.
– Wir legen das Brot sorgsam auf die Tischdecke und fassen uns an der Hand, werden rund wie der Brotlaib.

– Wir singen als Vers:

Franz Kett

○ Ein Krug mit süßem Wein (Traubensaft) und ein Becher werden in den Kreis gebracht. Ein Kind hält den Becher, ein anderes gießt etwas Saft ein. Krug und Becher wandern in der Runde. Kinder sollen darauf achten, daß jeder etwas einschenken darf, der Becher erst beim letzten Kind gefüllt ist.

– Wer mag, spricht aus, was der Wein uns sagen will: Ich bin aus Traubensaft gepreßt, ich schmecke süß-sauer, ich werde bei einem Fest getrunken, etc.
– Ich erzähle, wie in südlichen Ländern Brot und Wein als Zeichen der Gastfreundschaft angeboten werden.

– Liedvers:

Franz Kett

3. Wir versammen uns als Jesu Freunde, seine Jünger – seine Apostel

○ Wir fassen uns an den Händen. Wir sind die Festgesellschaft, die Festversammlung.
– Die Jesuskerze wird entzündet, in die Mitte gestellt. Jesus ist es eigentlich, der uns einlädt zu seinem Fest.
– Während einige Kinder die Kerze am Fuß schmücken, singen wir:

Text und Melodie:
Marianne Strasser

○ Ich erzähle, daß Jesus mit seinen Freunden, den Jüngern, Aposteln ein Freundschaftsmahl halten will. Wir werden zu den Jüngern Jesu.

– Jedes Kind erhält eine Wortkarte mit einer durchgezogenen Schnur, worauf der Name eines Jüngers steht und hängt sie um (Manche Namen werden mehrmals verwendet. Der Name Judas fehlt).
– Wir stellen uns mit den Apostelnamen vor.
– Ich erzähle von Judas, der Jesus verraten wird.
– Wer mag zeigen, wie Judas wohl am Tisch gesessen ist, mit welcher Gestik, mit welchem Gesicht?
– Ich berichte, wie Jesus seinen Freunden offenbart, daß das Mahl ein Abschiedsmahl ist, weil die Stunde naht, wo er den Tod am Kreuze sterben muß.
– Kinder legen mit roten oder violetten Bändern ein Kreuz auf den Tisch.

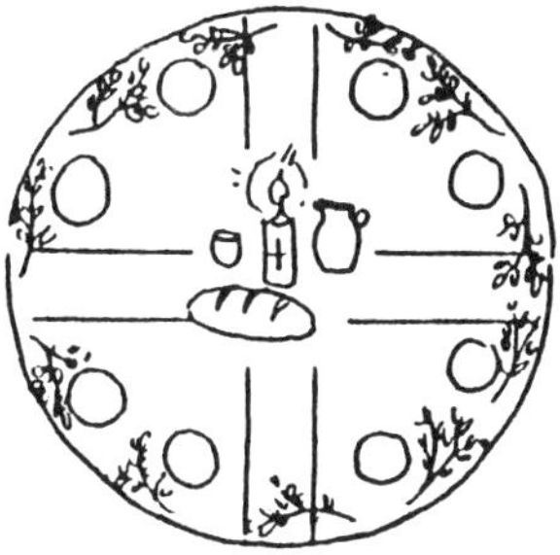

4. Wir feiern mit Jesus das Abendmahl

○ Ich nehme das Brot, den Becher mit Wein in die Hände und berichte: „Jesus nimmt Brot und Wein. Er dankt Gott für Brot und Wein, Frucht der Erde und der menschlichen Arbeit. Er bricht das Brot."

Er spricht:

DIES IST MEIN LEIB. ESST ALLE DAVON!
Er nimmt den Becher mit Wein. Er sagt:
DIES IST MEIN BLUT. TRINKT ALLE DARAUS!
TUT DIES, DAMIT IHR MICH NICHT VERGESST.

○ Ich teile das Brot in Stückchen, verteile es an die Kinder. Wenn alle, die möchten, ein Brotteil in Händen halten, singe ich vor, die Kinder wiederholen:

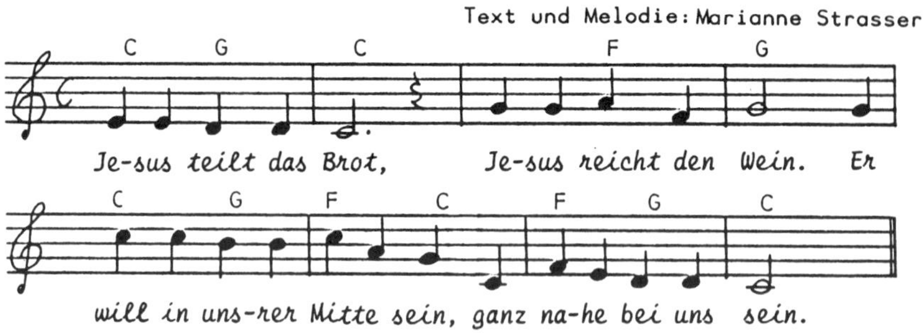

Wir essen das Brot still und gesammelt.

- ○ Ich reiche den Becher. Wer möchte, darf daraus einen kleinen Schluck trinken. Ich wische den Becher mit einem feinem Linnentuch immer wieder ab. Während der Becher gereicht wird, singen wir immer wieder:

  Jesus teilt das Brot. Jesus reicht den Wein. Er will in unserer Mitte sein, ganz nahe bei uns sein.

- ○ Wir fassen uns an den Händen und sprechen als Gebet:

  JESUS,
  IM BROT UND IM WEIN WILLST DU BEI UNS SEIN,
  DEINE LIEBE, DEINE FREUDE, DEIN LEBEN.
  WIR DANKEN DIR DAFÜR. AMEN

- ○ Die Kinder nehmen ihre Einladungs-Tischkarten zu sich, malen sie unter leiser Musikbegleitung aus. Sie beschriften sie auf der Unterseite mit ihrem Namen. Sie heben sie für den Hefteintrag auf.

5. Erstellung der Collage

Wir brauchen grünes Tonpapier (70 cm x 100 cm) oder zwei Bögen (70 cm x 50 cm) als Grundlage; rotes Tonpapier für den Tisch (d = 40 cm); 12 Scheiben gelbes Tonpapier für die Jünger und 1 Scheibe goldenes Papier für Jesus (alle d = 10 cm); weißen Karton für Kreuz, Kerze und Becher (h = 16 cm), für die Schale (h = 11 cm) und für 4-5 Scheiben Brot.
Die Kinder gestalten arbeitsteilig. Sie malen Kreuz, Kerze, Schale mit Broten, Becher farbig aus. 12 Scheiben gelbes Tonpapier werden mit den Apostelnamen versehen, alle in rot, Judas in schwarz. Die goldene Scheibe wird mit Jesus beschriftet. Die Kinder zeichnen auf die Scheiben Brustbilder der Apostel und von Jesus und verzieren diese Bilder. Die einzelnen Teile werden zusammengefügt. Die Collage erhält als Inschrift:

GRÜNDONNERSTAG – JESUS FEIERT DAS ABENDMAHL
Er sagt: DIES IST MEIN LEIB – DIES IST MEIN BLUT.
TUT DIES, DAMIT IHR MICH NICHT VERGESST.

GRÜNDONNERSTAG

JESUS feiert das ABENDMAHL

Er sagt: DIES IST MEIN LEIB
DIES IST MEIN BLUT
Tut dies, damit ihr mich nicht vergeßt!

Gründonnerstag

Jesus feiert mit den Aposteln das Abendmahl.
Er spricht:
Dies ist mein Leib! Eßt alle davon!
Dies ist mein Blut! Trinkt alle daraus!
Tut dies, damit ihr mich nicht vergeßt!

KARFREITAG

INTENTION

Körperliche, seelische Krankheit, Mißachtung, Vernachlässigung, Verspottung, Verrat, Einsamkeit, Verlassenheit, Verlust und vieles mehr machen das Leid aus, das Menschen und vielfach auch schon Kinder erdulden müssen und das wir gemeinhin als Kreuz bezeichnen. Wir verdrängen das Kreuz gerne, obschon es zu unserem Leben gehört. Das Leiden und Sterben Jesu ist Anlaß, dieser Seite unserer Existenz in die Augen zu schauen. Im Kreuz Jesu können wir die vielen Kreuze schauen, die Menschen tragen. Im vielfältigen Leiden der Menschen begegnen wir dem leidenden Jesus. Indem Jesus den Tod überwindet, dürfen wir Hoffnung schöpfen, daß wir in Jesus, mit Jesus durch alles Leid zur Freude des Ostertages gelangen.

ERFAHRUNGEN

1. Wir gestalten ein Kreuz

○ Wir breiten im Stuhlkreis eine runde Tischdecke aus. Wir umrunden die Decke mit den Augen, mit der Hand, schließen die Augen, stellen uns das Rund vor, versuchen eine Weile gesammelt, still zu sein.

○ Wir legen vier dunkle (braune oder schwarze Rhythmiktücher) zum Kreuz aus. Die Mitte bleibt frei.
Was fällt uns angesicht des Bodenbildes, seiner Farbe ein? Kinder äußern ihre Assoziationen, Gedanken, Vorstellungen, Empfindungen.

○ Ein schwerer Stein wird im Kreis weitergegeben. Einer legt ihn dem anderen vorsichtig in die Hand. Wir spüren seine Härte, Schwere.

– Der Stein wird am Ende eines Kreuzbalkens abgelegt und bestimmt so den Fuß des Kreuzberges.

– Jedes Kind kann sich aus einem Korb einen Stein holen und ihn dazulegen. Es entsteht ein Hügel, eine Straße. Wer kann, darf dazu sagen, was im eigenen Leben, im Leben von Menschen oft schwer, hart ist, traurig macht.

– Wir ergänzen die Steine durch Bilder, die ich auf der Kreisfläche ausbreite und die verschiedenartigen Leidsituationen aufzeigen (hungernde Menschen, Kranke, Flüchtlinge, Kriegsopfer usw.)
Einzelne Kinder wählen ein Bild, sprechen die dargestellte Situation aus und legen das Bild an den Rand unserer Decke ab.

2. Wir schauen Jesus und sein Kreuz

○ Die Jesuskerze wird entzündet und in die Kreuzmitte gestellt. „Jesus trägt das Kreuz." Dazu Liedruf:

Text und Melodie:
Franz Kett

○ Ich zeige den Kindern Bilder ausgewählter Kreuzwegsituation (siehe Mappe RPP 1986/I) und erzähle sie, z. B.:
– Jesus nimmt das Kreuz auf sich
– Jesus fällt unter der Last zu Boden
– Simon von Cyrene hilft Jesus das Kreuz zu tragen
– Jesus und Maria begegnen sich
– Veronika reicht Jesus das Schweißtuch
– Jesus wird seiner Kleider beraubt.

Die Bilder werden jeweils auf den Kreuzbalken abgelegt. Zu jedem Bild wird obiger Ruf gesungen.

○ Das mit violettem Tuch verhüllte Klassenkreuz wird behutsam enthüllt. Ein Kind trägt es langsam im Kreis und bleibt dann stehen.
– Ich erzähle von den Worten Jesu am Kreuz, vor allem von seiner Vergebungsbitte; von seiner letzten Fürsorge für seine Mutter Maria und für seinen Jünger Johannes; von seiner Lebensübergabe an Gott, den Vater im Himmel. Dabei wird die Jesuskerze ausgelöscht.
– Wer es von den Kindern vermag, darf vor das Kreuz treten, sich vor ihm verneigen oder auch eine Kniebeuge machen und Jesus etwas sagen, z. B. Jesus, ich hab dich lieb! Jesus, du mußt leiden! Jesus, ich bin traurig! usw.
– Das Klassenkreuz wir auf das Bodenkreuz gelegt.

○ Mit einem schwarzem Tuch gestalte ich auf dem Bodenbild eine Höhle. Ich lege dazu einen der Steine und erzähle von der Kreuzabnahme und Grablegung Jesu.

3. Wir schmücken das Kreuzbild

Sensible Kinder werden durch diese Kreuzanschauung oft sehr betroffen. Wir können diese Betroffenheit durch einen weiteren Gestaltungsprozess auffangen und verarbeiten. Wir bringen in die Dunkelheit schon etwas von dem Licht und der Freude des Ostersonntags.

○ Einzelne Kinder schmücken das Bodenkreuz mit grünen Zweigen, Forsythienzweigen und ähnlichem. „Jesus wird vom Tod auferstehen."

Wir singen dazu:

○ Andere Kinder entzünden Teelichter und stellen sie zu den Bildern leidender Menschen.

Wir wünschen, beten, daß es in ihrer Nacht wieder hell wird, sie die Ostersonne schauen dürfen.

Lied:

Text: Marianne Strasser
Mel.: Josef Strasser

2. Jesus ist für uns gestorben.
So ist sein Wort zur Wahrheit worden,
daß wer im Leben wirklich liebt,
sein Leben lassen kann, für andere gibt.

3. Jesus wird im Tod vollendet
und unser Leid, es wird gewendet.
Sein ganzer Trost wird uns zuteil,
er schenkt uns Leben und das Heil.

Tanzgebärde zur ersten Strophe:

Jesus hat sich hingegeben.	Hände öffnen – sich verneigen
Er stirbt am Kreuz,	im Körperkreuz stehen
damit wir leben.	um die eigene Achse drehen
Aus seinem Leid, aus seiner Not, erwächst das Leben, nicht der Tod.	aus gebeugter Haltung mit hängenden Armen sich nach oben weiten und strecken
Das Kreuz, es fängt zu blühen an. Der Ostermorgen bricht bald an.	sich mit nach oben geweiteten Händen um die eigene Achse drehen.

Erstellung der Collage

Gebraucht werden: rotes Tonpapier (70 x 100 cm), bzw. zwei entsprechende Bögen (70 x 50 cm), je ein Streifen schwarzen Tonpapiers mit dem Maß 78 x 10 cm, bzw. 68 x 10 cm.
Für die Schüler stehen Streifen weißen Papiers (21 x 3 cm), bzw. entsprechende Quadrate (6 x 6 cm) zur Verfügung.
Die Schüler berichten von eigenen Leid-Not-Kreuzerfahrungen. Sie zeichnen sie mit schwarzem Stift auf das Quadrat. Sie beschriften sie mit Hilfe des Lehrers. Die Quadrate werden auf das Kreuz aufgeklebt.
Die Schüler suchen Zeichen für das Leben, den Frühling, Ostern und zeichnen sie auf die Streifen weißen Papiers (Sonne, Blumen, Schmetterlinge, Zweige etc). Die Streifen werden kreisförmig um das Kreuz aufgeklebt.
Bei großen Klassen wird arbeitsteilig verfahren.
Für die Kreuzmitte zeichnet ein Kind ein Ostersymbol, z. B. Ostersonne, oder Osterlamm, Osterfeuer, Osterkerze.

Text: KARFREITAG
JESUS STIRBT, damit wir LEBEN

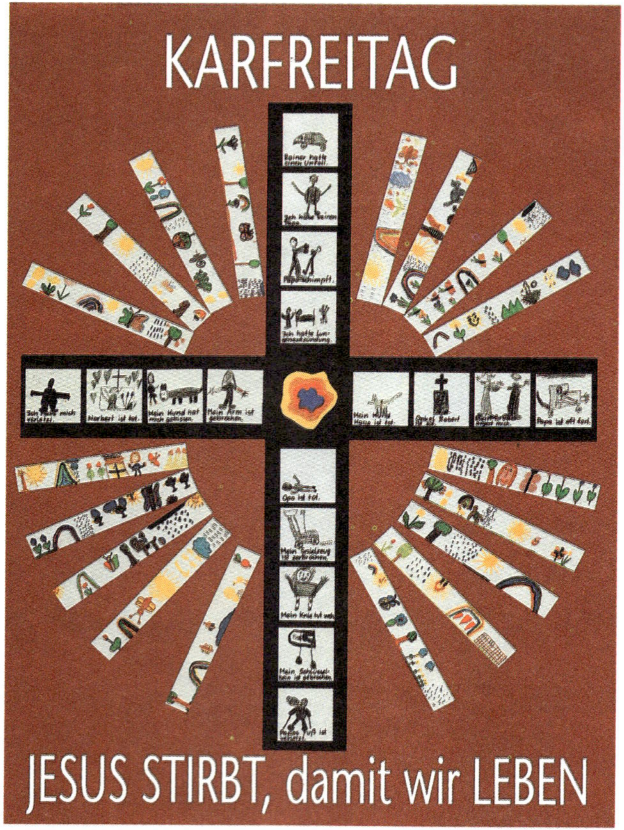
KARFREITAG
JESUS STIRBT, damit wir LEBEN

Karfreitag
Jesus geht den schweren Kreuzweg.
Er stirbt am Kreuz, damit wir leben.

OSTERN

INTENTION

„Alleluja, alleluja, Jesus lebt." Mein Wunsch ist, daß dieser Ruf in meinen Schülern zu einem Klang wird, der sich tief in ihren Herzen einprägt und sie in den dunklen Stunden ihres Lebens mit Hoffnung erfüllt, zum Leben ermutigt. Wird es mir gelingen, die Auferstehungsgeschichte so zu erzählen, daß sich etwas von ihrer befreienden Kraft mitten in der Klasse ereignet; daß sie eine wirkende Heilsgeschichte wird?

ERFAHRUNGEN

1. Mit den Freunden Jesu trauern

○ In Abwesenheit der Klasse wurde von einigen Schülern folgendes Bodenbild vorbereitet: Der auferstandene Jesus (selbstgemalt oder Kunstbild) auf unserer hellen, runden Decke; alles aber abgedeckt mit schwarzen Tüchern.

○ Die Schüler hängen sich ihre Wortkarten mit den Apostelnamen um (siehe Gründonnerstag). Wir setzen uns um das dunkle Bild, lassen es auf uns einwirken. In ihm zeigt sich, wie es den Freunden Jesu nach seinem Tod zu mute war. Wir drücken diese Stimmung aus

- durch Gestik
- durch Klänge auf Orffinstrumenten
- sprachlich

○ Ein schwerer Stein wird auf die dunkle Fläche gelegt. Er erzählt von dem Stein, der das Grab Jesu verschlossen hat. Ich deute ihn als Bild für die Versteinerung der Freunde Jesu, als Zeichen dafür, wie sie der Tod Jesu bedrückte, niederdrückte. Wir übernehmen das Niedergedrücktsein – Versteinertsein in den Leib.

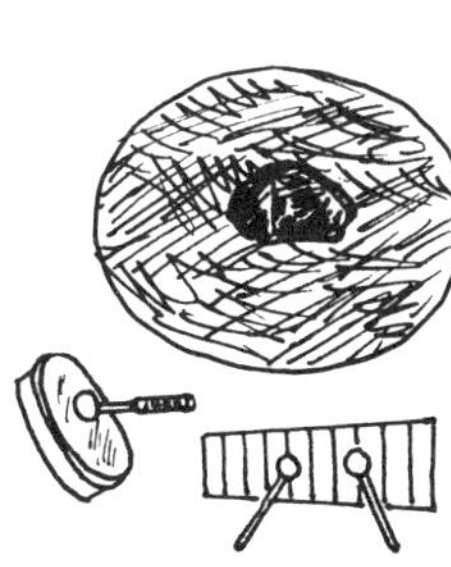

2. Von der Auferstehung Jesu erfahren

Um die Botschaft der Frauen vom leeren Grab, ihre Auferstehungserfahrung den Kindern zu übermitteln, bieten sich verschiedene Möglichkeiten an.

Ich denke an:

- einen entsprechenden Bericht auf Tonband gesprochen
- einen Lesetext mit verschiedenen Sprecherrollen
- eine Lehrererzählung.

Der Inhalt der Botschaft ist folgender:

Die Frauen eilen frühmorgens zum Grab Jesu. Ihr Schmerz über den toten Jesus trübt ihren Blick. Wer traurig ist, sieht alles schwarz. So nehmen sie nicht die Sonne wahr, die strahlend aufgeht. Sie sehen nicht den Garten, der frühlingshaft in Blüte steht. Sie hören nicht die Vögel, die den neuen Morgen besingen. Vor ihren Augen steht der schwere große Stein, der das Grab Jesu verschließt. Ihr Herz gleicht selbst einem Stein. Es ist ihnen schwer, im Schmerz wie versteinert. Als sie in die Nähe des Grabes kommen, spüren sie eine Veränderung. Es ist, als ob ihnen ein Stein vom Herzen falle. Es wird ihnen leicht ums Herz. Der Stein vor der Grabkammer ist weggewälzt. Sie erschrecken. Ein Engel Gottes steht vor ihnen. Er fragt sie: „Was sucht ihr?" Sie antworten: „Den toten Jesus." Der Engel erwidert: „Was sucht ihr einen, der lebt, bei den Toten. Jesus ist nicht tot. Jesus ist auferstanden."
Die Frauen atmen auf. Die Frauen richten sich auf. In ihnen beginnt es zu singen:

Sie beginnen die Welt neu zu sehen, die Sonne, wie sie strahlt! den Garten, wie er blüht. Sie hören das Lied der Vögel. Immer wieder singen sie:

○ Die dunklen Tücher werden vom Bodenbild weggenommen, das Bild des Auferstandenen entdeckt.

Die Frauen eilen nach Hause, sie wollen die Botschaft den Freunden, Jüngern Jesu sagen:

Liedvers.: Alleluja, alleluja, Jesus lebt.

○ Die mit der Ostersonne geschmückte Osterkerze wird entzündet. Ein Kind hält sie in Händen. Wir singen dreimal unseren Osterruf „Alleluja" jeweils einen Ton höher, weil die Freude der Jünger, unsere Freude, immer mehr ansteigt. Die Osterkerze wird dabei gleichfalls immer höher geführt.

○ Das Kind überreicht die Osterkerze einem anderen und sagt ihm einen Ostergruß, z. B. „Freu dich, Jesus lebt.“ „Jesus ist auferstanden,“ usw.
Die Osterkerze, der Ostergruß wandert so zu allen Kindern.

○ Die Osterkerze wird zum Bild des Auferstandenen gestellt. Kinder legen einzeln um Bild und Kerze Strahlen ab. (dazu evtl. meditative Musik)

○ Wir fassen uns an den Händen und stellen die Ostersonne dar. Wir singen und beten:

Alleluja, alleluja, Jesus lebt.
Wir glauben an dich, Jesus,
du bist auferstanden.
Wir glauben an dich, Jesus, du lebst.
Du lebst, wo Menschen Frieden stiften.
Du lebst, wo Menschen sich freuen, lachen.
Du lebst, wo Menschen das Brot teilen.
Du lebst, wo Menschen sich lieben.
Wir glauben an dich, Jesus.
Du lebst mitten unter uns. Amen

Osterlied

Text: M. Strasser
Melodie: U. Härtter

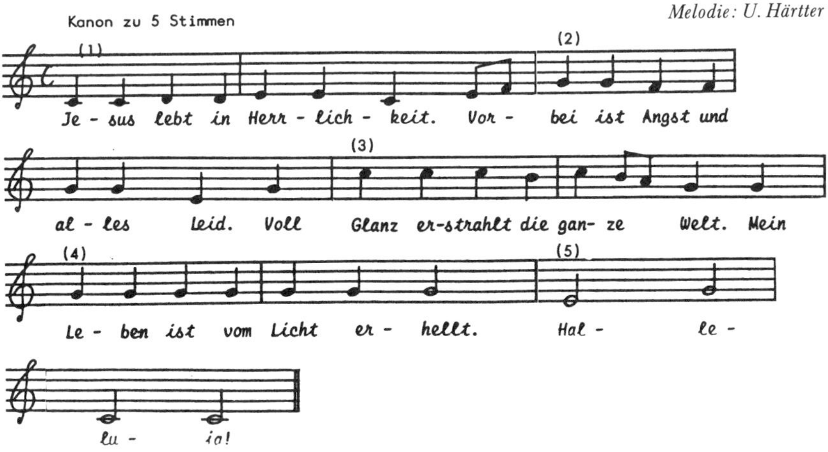

Erstellung der Collage

Wir brauchen: schwarzes Tonpapier (100 cm x 70 cm) oder zwei entsprechende Bögen (50 cm x 70 cm); das Bild des Auferstandenen von Kindern gemalt, bzw. als Kunstdruck (etwa in der Höhe von 50 cm); für jeden Schüler einen gelben Tonpapierstreifen (15 cm x 6 cm).
Jedes Kind zeichnet auf seinem Streifen eine der Frauen, die die Auferstehungsbotschaft erfahren haben. Jeweils die Hälfte der Kinder zeichnet sie auf der linken, bzw. rechten Seite. In Sprechblasen wird geschrieben, was die Frauen in ihrer Freude gesagt, gerufen haben. Die einzelnen Karten werden mit Ornamenten verziert und in Form eines Tores um das Jesusbild geklebt.

Einfache Fassung des Osterliedes und Tanzbeschreibung

Text: M. Strasser
Mel.: U. Härtter

– Jesus lebt in Herrlichkeit,	Hände langsam nach oben führen
– vorbei ist Angst und alles Leid.	mit erhobenen Händen sich drehen
– Glanz erstrahlt die ganze Welt, mein Leben ist von Licht erhellt.	sich an den Händen fassen und im Kreis gehen
– Halleluja, halleluja.	paarweise sich an den Händen fassen, im Kreise drehen
– Halleluja.	zum großen Kreis zurückfinden und mit den andern klatschen

OSTERN
Ich bin so froh!
Jesus lebt!
Jesus ist auferstanden!
Gott sei Dank!

Ostern
Drei Frauen gehen am Ostermorgen zum Grab. Ein Engel steht davor und sagt: „Jesus ist nicht tot! Er ist auferstanden!" Die Frauen laufen zu den Aposteln und rufen:
Jesus lebt!
Ich bin so froh!

MARIA BREIT DEN MANTEL AUS

INTENTION

Die Fürsorge unserer Mutter hat sich als erste und wichtigste Grunderfahrung zutiefst eingeprägt. Nach dieser Fürsorge fragen und sehnen wir uns immer wieder in den Wechselfällen unseres Lebens, in bedrohlichen Situationen, insbesondere in der Stunde unseres Todes.
Mit dem Lied „Maria breit den Mantel aus“ wenden wir uns an die Mutter aller Mütter und über sie letztlich an die mütterliche, bergende Seite unseres Gottes. Meinen Schülern etwas von diesem mütterlichen Antlitz zu zeigen, ist Ziel der folgenden Einheit.

ERFAHRUNGEN

1. Ein Mantel hüllt ein

○ Mit einigen Kindern habe ich aus blauem Tuch (Vorhangstoff, Brokat) einen Umhang verfertigt. Er ist mit goldener Borte eingesäumt und sorgfältig verpackt.

○ Der Mantel wird ausgepackt und von Kind zu Kind gereicht (Stuhlkreis).

○ Einzelnen Kindern wird der Mantel umgehängt. Sie dürfen erzählen, wie sie sich dann fühlen, z. B. eingehüllt, warm, geborgen, geschützt, wertvoll, kostbar usw.

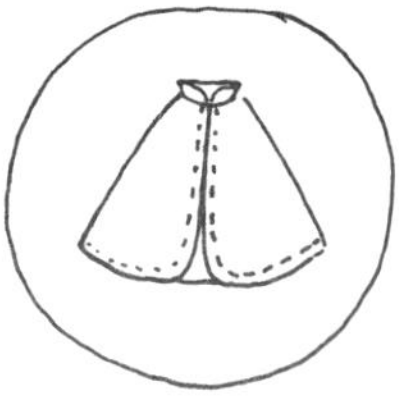

○ Wir überlegen uns, woran uns die Farbe des Mantels erinnert; wer solchen Mantel trägt. (Wasser – Himmel – König – Sternsinger, usw.)

○ Der Mantel wird auf eine helle, runde Decke im Stuhlkreis abgelegt.

2. Wir schauen das Bild einer Frau mit weitem, breiten Mantel

○ Das Bild, bzw. die Skulptur einer Schutzmantelmadonna wird in die Kreismitte (Decke) getragen, abgestellt.
– Die Kinder betrachten das Bild eine Weile still, eventuell bei meditativer Musik.
– Wer von den Kindern sich zum Bild äußern

will, wird aufgefordert, eine Triangel anzuschlagen und seine Gedanken mitzuteilen.

○ Ich erwarte, daß von einigen Kindern die Gestalt als Mutter Maria erkannt wird. Ich gebe folgende Denk- und Gesprächsimpulse:

– So viele Menschen unter dem Mantel Marias! Das ist doch nicht wirklich! Was möchte der Maler, bzw. Holzschnitzer damit sagen?
– Was läßt die Menschen sich unter den Mantel Marias stellen?
– In einem alten Lied wird gesungen:

Maria, breit den Mantel aus,
mach Schirm und Schild für uns daraus;
laß uns drunter sicher stehn,
bis alle Stürm vorübergehn.
Patronin voller Güte, uns allezeit behüte. (GL 595)

3. Eine Mutter kennt das Leben

○ Die Jesuskerze wird entzündet. Maria ist Mutter. Sie hat Jesus zur Welt gebracht. Maria kennt das Leben.

○ Bilder aus dem Marienleben werden am Rand der Tischdecke abgelegt; z. B. Krippendarstellung, die hl. Familie auf der Flucht, Maria mit Jesus auf dem Kreuzweg, Maria steht unter dem Kreuz, Maria trägt den toten Jesus auf ihrem Schoß (siehe RPP-Mappen 1982/4 und 83/1).

○ Die Bilder werden in Stille, eventuell bei ruhiger Musik, betrachtet. Die Kinder äußern nach einer Weile ihre Gedanken, Assoziationen, Erfahrungen.

4. Maria breit den Mantel aus!

○ Wir wenden uns wieder dem Hauptbild, der Schutzmantelmadonna zu und überlegen:

– Wem wünschen wir einen Platz unter ihrem Mantel?
– Wer möchte selbst unter dem Mantel Marias stehen?
Die Schüler erzählen und begründen.

○ Wir zeichnen Brustbilder von Menschen, die Schutz suchen, bzw. von uns, wenn wir selbst unter Marias Mantel geborgen sein wollen.

○ Wir legen die Bilder auf dem Mantel ab. Wer kann, soll aussprechen, wen er unter den

Schutz Marias stellen möchte. Es kann dazu auch ein Wunsch, eine Bitte geäußert werden.

○ Wir singen: „Maria, breit den Mantel aus“ oder folgendes Lied:

Text: M. Strasser
Mel.: Franz Kett

5. Wir feiern eine Marienandacht

○ Wir versammeln uns um unser Bodenbild. Indem die Kinder es am Rand mit kleinen Zweigen, Blüten, Blumen schmücken, treten sie mit dem Marienbild in Beziehung, werden bereits gemachte Erfahrungen wieder lebendig.

○ Wir betrachten das geschmückte Bodenbild schweigend (eventuell Musik), dann Text:

Maria!

Du hast einen kostbaren Mantel. Weit breitest du ihn aus. Unter deinem Mantel haben alle Platz, die dich als Mutter kennen, zu dir kommen, dich lieben, dir vertrauen. Du schenkst Geborgenheit und Schutz. Dir dürfen wir es sagen, wenn es uns gut geht; und, wenn wir Sorge haben, in Not sind. Maria, du bist uns eine gute Mutter.

○ Alle Kinder erhalten Teelichter.

– Wir singen das Gottesloblied:
„Maria, breit den Mantel aus“ oder „Maria, wir wollen zu dir gehn.“

– Wir suchen für Maria gute, passende Namen und singen sie in Rufweise, zuerst einer, dann alle in Wiederholung:

Maria, du gute Frau
Maria, du schöne Frau
Maria, du wunderbare Frau
Maria, du Helferin, usw.

– Wir rufen Maria um ihren Schutz an:

Über uns – breite deinen Mantel aus
Über unser Dorf – breite deinen Mantel aus, usw.
Es können auch die Kinder einzeln oder paarweise genannt werden.

○ Wir stellen Teelichter in den Blumen-Zweigekranz und beten abschließend:

„Gegrüßet seist du Maria“ . . .

Erstellung der Collage

Aus blauem Tonpapier wird ein Mantel gefaltet und auf schwarzes Tonpapier (100 cm x 70 cm) geklebt.
Ein Kind malt das Haupt Marias, bzw. deren ganze Gestalt. Eine Wortkarte wird erstellt mit der Aufschrift: „Maria, breit den Mantel aus.“ Die Kinder zeichnen auf weißes Papier (etwa 8 cm auf 10 cm) ihr eigenes Brustbild. Es gilt, mit blauen Farben sparsam umzugehen. Die ausgeschnittenen Portraits werden auf den Mantel geklebt; der Saum des Mantels wird mit einer Borte versehen.

Maria breit den Mantel aus

Mutter Gottes
Maria breite deinen Mantel aus
über unsere Schule,
über unsere Klasse,
über meine Familie,
über meine Freunde,
über mich.
Heilige Maria,
bitte für uns!

PFINGSTEN

INTENTION

Pfingsten ist das Fest der „BeGEISTerung". Auch unsere Kinder können begeistert sein: Sie lachen, sind fröhlich, ihre Augen leuchten, sie tanzen vor Freude oder umarmen sich. Doch auch die gegenteilige Erfahrung ist ihnen bekannt: Angst, Kummer und Not.
Die Pfingstgeschichte will uns helfen, diese den Menschen bedrohenden Gefühle zu überwinden. Das Versprechen Jesu (Der gute Geist soll zu euch kommen!) will uns Trost spenden, Zuversicht geben und wieder Mut machen.

ERFAHRUNGEN

1. Wir denken über Angst, Kummer und Not nach

○ Die Schüler sitzen im Kreis. Ich erzähle ihnen drei kurze Beispielgeschichten.

a) Susi geht in die 2. Klasse. Sie hat in der Schule Schwierigkeiten mit Textaufgaben. Heute muß sie eine Lernzielkontrolle schreiben.
Wie ergeht es Susi?
Sie hat A N G S T.
Der Begriff wird auf einer Wortkarte festgehalten.

b) Anna hat einen Katze, um die sie sich sehr kümmert und die sie sehr gern mag. Als sie von der Schule heimkommt, sagt ihr die Mutter, daß ihre Lieblingskatze entlaufen ist.
Wie ergeht es Anna?
Sie hat K U M M E R.
Der Begriff wird auf einer Wortkarte festgehalten.

c) In Afrika gibt es viele Kinder, die nichts anzuziehen haben, die am Verhungern sind.
Wie ergeht es ihnen?
Sie erleiden N O T.
Der Begriff wird auf einer Wortkarte festgehalten.

○ Die Schüler erzählen, wo sie selbst Angst, Kummer und Not erfahren haben. Sie suchen in Gruppenarbeit weitere Beispiele.

2. Wir denken über den Begriff „Begeisterung" nach

○ Ich erzähle drei weitere kurze Beispielgeschichten.

a) Jakob hat heute Geburtstag.
Ohne daß er es vorher weiß, besuchen ihn seine Freunde und bringen

ihm schöne Geschenke mit.
Jakob ist beGEISTert.

b) Martina darf mit ihrem Papa ins Krankenhaus fahren.
Sie holen Mama und ihr neugeborenes Baby ab.
Martina ist beGEISTert.

c) Thomas bekommt ein neues Fahrrad.
Er darf zum ersten Mal damit fahren.
Thomas ist beGEISTert.

○ Die Schüler erzählen, wo sie in ihrem Leben begeistert waren. Wir überlegen gemeinsam: Was tun wir, wenn wir begeistert sind? (lachen, strahlen, hüpfen ...)

3. Wir betrachten die Pfingstgeschichte

VERSAMMLUNG DER JÜNGER UND BITTE UM DEN GEIST

○ Aus schwarzen Tüchern wird eine Art Mauer gelegt. Ein Kind darf sich hineinsetzen. Es wird befragt, wie es ihm ergeht, wo es sich befindet.

○ Ich erzähle von den Jüngern Jesu, den Aposteln, die sich mit Maria im Abendmahlsaal versammelt haben. (Die Kinder hängen sich in Identifikation mit den Aposteln deren Namenskarten um. Siehe auch Gründonnerstag.)
Ich berichte von ihrem großen KUMMER. Jesus hat sie verlassen, ist zum Vater heimgekehrt. Sie fühlen sich einsam. Sie sind in großer NOT. Sie wissen nicht aus noch ein. Sie wissen nicht, wie es weitergehen soll. Sie haben ANGST, es könne ihnen wie Jesus gehen, der gekreuzigt wurde. Sie haben vor Angst die Türen-Fenster verschlossen (Klaßzimmertür wird abgeschlossen.)

– Wir versuchen die Not und Angst in der Körperhaltung, im Gesicht auszudrücken, eventuell auch auf Orffinstrumenten.
– Die bereits vorliegenden Wortkarten KUMMER-ANGST-NOT werden im Bodenbild abgelegt.

○ Ich berichte von Maria, der Mutter Jesu, die unter den Freunden ist, die Jünger ermutigt, tröstet, an das Versprechen Jesu erinnert, daß er einen Tröster, einen Mutmacher schicken wird.

○ Wir rufen als Jünger, Freunde Jesu mit Maria um diesen Tröster, guten Geist, Gottes Geist, Heiligen Geist.

Text und Melodie:
Marianne Strasser

Es läßt sich der Ruf auch gestenhaft darstellen:
Die Arme nach oben strecken – sie wieder herabführen, zur Mitte – dann zum Herz zeigen – sie weit öffnen.

DIE BEGEISTERUNG

Es kommt darauf an, daß die Lehrererzählung anschaulich und lebendig ist.

○ Das *Brausen eines Sturmwindes* erfüllt das Haus, den Saal. Wie der Wind die dürren Äste vom Baum bricht, die Wolken aufreißt, so geschieht es den Jüngern. Ihre Angst wird fortbewegt, ihr Kummer, ihre Not verfliegen. Wie der Wind das Segelboot, den Surfer bewegt, so kommen die Freunde Jesu in Bewegung, in Fahrt.
– Wir spielen auf Orffinstrumenten Bewegtheit, stellen mit den Händen, blauen Tüchern, Bändern Wind dar.
– Die Tücher – Bänder werden strahlenförmig im Bodenbild abgelegt.
– Die Begriffe NOT – KUMMER – ANGST werden durchgestrichen.

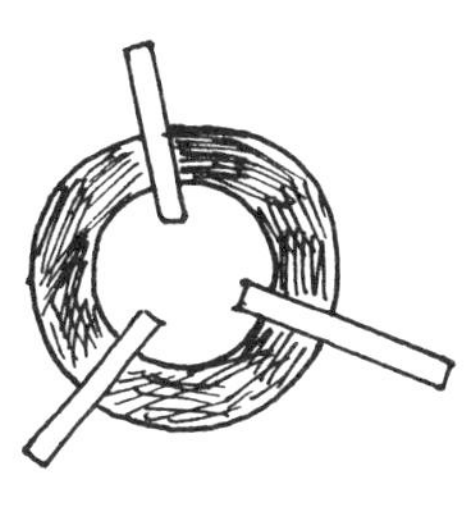

○ Das Licht von Feuerzungen erfüllt das Haus. Es kommt auf die Jünger herab. Ihr Herz ist entzündet, entflammt von Mut, Zuversicht.

Es hat gefunkt, gezündet. Sie sprühen vor Begeisterung.

– Wir spielen gestenhaft Funken, Flammen, Feuer.
– Wir entfalten zeichenhaft für diese Kraft Gottes orange Tücher und legen sie strahlenförmig im Bodenbild ab.
– Wortkarten mit den Begriffen ZUVERSICHT – MUT – BEGEISTERUNG werden dazugelegt.

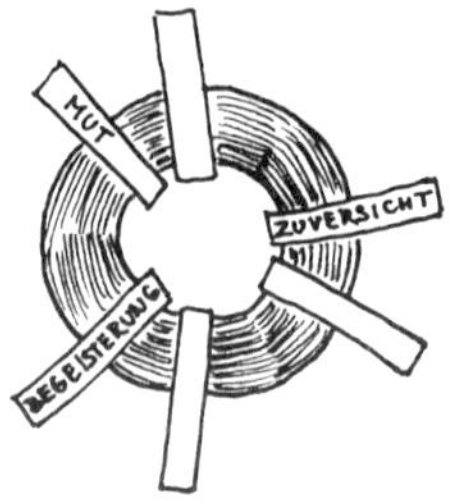

○ Es überkommt die Jünger eine Liebe, wie sie Jesus zu den Armen, Kranken, Kindern hatte. Es erfüllt eine große Freude ihr Herz. Sie wissen sich getröstet.

– Zeichenhaft entfalten Kinder für diese Kräfte rote Tücher und legen sie im Bodenbild ab.
– Wortkarten mit den Begriffen: LIEBE – TROST – FREUDE kommen hinzu.

GOTTES GEIST WEITERTRAGEN

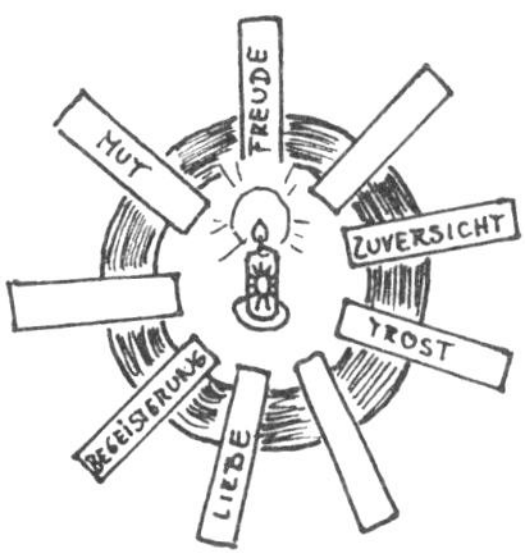

○ Ein Kind entzündet die Jesuskerze und stellt sie in die Mitte des Bodenbildes. Wir betrachten, wie es vom Licht in der Mitte aus in den Farben rot, orange, blau nach außen fließt, über die Mauern hinweg.
Was will das Bild uns sagen?

Jesus ist unter seinen Freunden, nicht leibhaft in Fleisch und Blut, aber mit seinem Mut, mit seiner Kraft, mit seiner Liebe, mit seinem Geist. Die Freunde Jesu sind begeistert. Sie spüren, wir müssen den Geist Jesu, den Guten Geist mitbringen, wohin wir gehen, in die Welt tragen.

○ Teelichter werden von der Mitte her entzündet, im Kreis weitergegeben, bis jedes Kind eins in Händen hält. Wir stellen uns damit um unser Bild und beten:

Ja, guter Geist, Jesu Geist, Gottes Geist, treibe uns an,
bewege uns, entzünde unser Herz, entflamme uns.
Laß uns von dir begeistert sein,
dich zu den Menschen tragen,
deine Liebe, deinen Frieden, deine Freude. AMEN

○ Wir singen und tanzen
mit den Lichtern in der Hand
das Lied:

Text und Melodie:
Marianne Strasser

2. *Schenke uns den Geist der Freude, frohes Lachen und Humor,*
denn wo wir lachen, fröhlich sind, da kommst du selber vor.

3. *Schenke uns den Geist der Güte, Liebe und Barmherzigkeit,*
denn wo wir lieben, gütig sind, da bist du nicht mehr weit.

Tanzvorschlag:

Aufstellung im Kreis

– Guter Geist, kehr bei uns ein.	Licht emporheben.
– Guter Geist, kehr bei uns ein.	Licht wieder in Ausgangsstellung.
– Du sollst in unserer Mitte sein.	Jedes zweite Kind geht zur Mitte.
– Du sollst ja unser Herz erfreun.	Die Kinder, die im Kreis bleiben, drehen sich um ihre Achse.
– Guter Geist, kehr bei uns ein.	Kinder treten aus der Mitte wieder in den Kreis zurück.
– Schenk uns den Geist der Liebe	Kinder wenden sich paarweise zu, lächeln sich an

– und deine gute Kraft;
– denn du allein, du bist es,
der in uns Leben schafft.

leichtes Stampfen mit den Füßen. Zusammen wieder den Kreis bilden und das Licht mit beiden Händen vor sich halten.

Erstellung der Collage

Wir brauchen gelbes Tonpapier in den Maßen 70 cm x 100 cm, bzw. entsprechende Bogen 50 cm x 70 cm; weißes Papier im Format 8 cm x12 cm und rotes Tonpapier mit dem Maß 6 cm x 9 cm, jeweils in der Anzahl der Kinder.
Die Kinder malen sich auf dem weißen Papier und zwar mit ausgestreckten Armen. Rottöne vermeiden! Die Figuren werden ausgeschnitten. Sie werden zusammen mit den roten Tonpapierkärtchen im Oval angeordnet und aufgeklebt. Dazu kommen die bereits im Bodenbild verwendeten Wortkarten (ca. 8 cm hoch) und als Text:

PFINGSTEN
JESUS schickt den
GUTEN GEIST

Die Menschen sind
beGEISTert

PFINGSTEN
ANGST NOT KUMMER
JESUS schickt den
GUTEN GEIST
Die Menschen sind
beGEISTert
LIEBE ZUVERSICHT MUT
TROST FREUDE

Pfingsten
Angst Not Kummer
Jesus schickt den
GUTEN GEIST
Liebe Freude Mut
Die Menschen sind
beGEISTert

ICH BIN GEBORGEN IN GOTTES HAND

INTENTION

In Psalm 139 wird über Gott gesagt: „Du umschließt mich von allen Seiten und legst deine Hand auf mich." Und weiter heißt es: „ . . . und lasse ich mich nieder am äußersten Meer, auch dort wird deine Hand mich ergreifen und deine Rechte mich fassen." Diese Erfahrung tiefer Geborgenheit in Gottes Hand möchte ich versuchen, meinen Schülern im Unterricht nahezubringen. So wird zunächst das Zeichen der Hand von jedem Kind gestaltet und mittels verschiedener Einfühlungsübungen erlebt. Indem wir dann unsere Hände in die Hand Gottes legen, soll deutlich werden: Gott ist uns zugewandt, er hält uns und beschützt uns. Er läßt uns nie los.

ERFAHRUNGEN

1. Vorarbeit

○ Der Lehrer erstellt von nebenstehender Zeichnung eine Folie und projeziert sie auf ein schwarzes Tonpapier. Man umfährt die Umrisse mit Bleistift und zieht die Linie mit einem Goldstift nach. Anschließend wird die Hand ausgeschnitten.

○ Jedes Kind erstellt seine eigene Hand (evtl. in Verbindung mit Kunsterziehung).

– Die Kinder legen ihre Hand auf Tonpapier in den Farben gelb, rot, lila, orange, rosa und umfahren sie.

– Oder: Sie tragen auf ihre Hand Deckfarben auf und drucken sie auf weißes Papier.

– Oder: Sie legen die Hand auf weißes Papier und umfahren sie. Anschließend malen sie sie mit Farbstiften an.

– Die Hälfte der Klasse nimmt die linke Hand, die andere Hälfte die rechte Hand (evtl. in Partnerarbeit umfahren).

– Die Hand wird ausgeschnitten. Bei kleineren Kindern ist eine Hilfestellung notwendig!

– Die Hand wird am oberen Rand des Handtellers mit dem Namen des Kindes beschriftet.

2. Einfühlungsübungen

- ○ Ein Kind wird unter Augenschluß an der Hand genommen und geführt.
- ○ Wir bilden einen Kreis und erspüren unter Augenschluß die Hand des Nachbarn.
- ○ Ein Kind schließt die Augen. Es wird vorsichtig an der Hand berührt. Dann öffnet es die Augen und geht zu einem anderen Kind usw.
- ○ Partnerübung: Ein Kind schließt die Augen. Der andere Partner malt mit dem Finger in die Hand des Kindes ein Zeichen (Herz, Stern, Mond, . . .).
- ○ Ein Kind darf in seinen Händen etwas Kostbares tragen, z. B. eine Vase oder eine Schale.
- ○ Ein Kind schließt die Augen und es wird etwas in seine Hand gelegt, z. B. ein Stein, Zapfen oder Apfel. Es muß den Gegenstand erraten.
- ○ Partnerübung: Ein Schüler liegt am Boden, der Partner nimmt den Kopf des Liegenden in seine Hände und hebt ihn vorsichtig etwas in die Höhe. Anschließend wird getauscht. Diese Übung ist nur möglich, wenn die Kinder bereit sind, behutsam miteinander umzugehen.
- ○ Der Lehrer (oder die Schüler gegenseitig) legt den Schülern die Hände auf. Wir begleiten unser Tun mit einem Lied.

Text und Melodie:
Franz Kett

2) Sie trösten und sagen mir, habe nur Mut! Was dich bekümmert, wird wieder gut!
3) Sie sagen, Gott hüte dich heut diesen Tag! Mag kommen, was immer auch kommen mag!

3. Wir legen unsere Hand in die „Hand Gottes"

- ○ Wir sitzen im Kreis und suchen mit den Augen die Mitte. Ein Kind legt einen Reifen hinein. Dieser wird mit roten Tüchern ausgelegt.
- ○ Die vorbereitete große Hand wird verdeckt in die Reifenmitte gelegt. Jedes Kind darf ein Stück ent-decken.
- ○ Wir betrachten die Hand. Sie ist kostbar und geheimnisvoll; sie hat einen Goldrand. Wir überlegen uns, welche Hand es sein könnte
- ○ Wir berühren vorsichtig die Hand und sprechen aus, was sie uns sagen könnte. Vielleicht spüren wir etwas von Gottes Hand!

- ○ Unsere Gebetskerze wird entzündet und in den Reifen gestellt. Jedes Kind darf seine eigene, ausgeschnittene Hand in die „Hand Gottes“ hineinlegen. Dabei werden kleine Gebete formuliert, z. B.
  Ich danke dir für deine Hand.
  In dir fühle ich mich geborgen.
- ○ Der Lehrer bringt einen neuen Gedanken: „Wenn wir uns geborgen fühlen, geht es uns gut. Wir fühlen uns himmlisch. Wir sind wie im Himmel.“
- ○ Wir stellen den Himmel, das himmlische Land dar, indem wir gelbe Tücher um den Reifen legen. Darauf werden von den Kindern Zeichen des Himmels gestaltet (verschiedene Legematerialien bereitstellen).

4. Unser Tun verdichtet sich in einem Lied

Tanzbeschreibung

Geborgen in deiner Hand,	Hände ineinander legen
gehen wir dahin.	Handfassung, im Kreis gehen
Geborgen in deiner Hand,	Hände ineinander legen
hat unser Leben Sinn.	Hände zur Mitte strecken
Wir danken dir	verneigen
für deine gute Hand,	klatschen
du führst uns ja	Handfassung, im Kreis gehen
ins himmlische Land.	Hände hochheben, eine Krone bilden

Bodengestaltung

5. Besinnung

- ○ Im Gespräch versuchen wir, folgende Fragen zu klären: Wo kann ich Geborgenheit schenken?
  Habe ich von Gottes Hand schon etwas erspürt?
  Spürt der andere durch mich Gottes Hand?
  Fühlt sich der andere durch mich getragen?
  Bei wem fühle ich mich geborgen?
- ○ Die Schüler schließen die Augen und setzen sich bequem hin (evtl. Meditationsmusik im Hintergrund).

  Text: Ich bin geborgen in Gottes Hand.
  Ich fühle mich wohl.
  Mir geht es gut.
  Gott hält mich in seiner Hand.
  Er läßt mich nicht los.
  Ich kann aus seiner Hand nie herausfallen.
  Er hält mich immer, sogar dann, wenn ich böse bin.

6. Erstellung der Collage

Auf ein schwarzes Tonpapier (70 cm x 50 cm, bei großen Klassen ist ein entsprechend größeres Format notwendig) werden die Hand Gottes und die Hände der Kinder (siehe Vorarbeit) ineinander geklebt. Die Überschrift lautet:

ICH BIN GEBORGEN IN GOTTES HAND

Ich bin GEBORGEN
in GOTTES HAND
Christoph
Manuela
Thomas
Sabine
Andreas
Monika
Seppe
Georg
Benjamin

In Gottes Hand
Ich bin geborgen in Gottes Hand. Aus seiner guten
Hand kann ich nie herausfallen.
Zeichne, was Gott in seiner Hand hält.

WIR DANKEN FÜR DAS LEBEN – ERNTEDANK

INTENTION

Im Brot verbinden sich die Kräfte der Natur mit der Mühe des Menschen. Brot steht exemplarisch für alles Lebensnotwendige. Brot haben wir in Hüllc und Fülle.
Das Erntedankfest ist mir Anlaß, meinen Schülern die Augen für die Zeichenhaftigkeit des Brotes zu öffnen und in ihnen die Haltung des Staunens und der Dankbarkeit für das Leben zu wecken.

ERFAHRUNGEN

Wir versammeln uns um eine runde Tischdecke. Wir umfassen sie miteinander, lassen sie durch unsere Hände kreisen, erspüren ihre Rundung, kommen dadurch miteinander in Kontakt, üben Rücksichtnahme, wenn wir sie vorsichtig und gleichmäßig in der Mitte unseres Kreises am Boden ablegen.

1. Wir betrachten Erde

○ Ein braunes Tuch wird am Rand der Tischdecke abgelegt.
An was erinnert es uns?
Welche Bilder werden in uns wach?
Wir wecken verschiedene Assoziationen und lassen Bilder und Erfahrungen aussprechen.

○ Eine Schale mit Erde wird auf das braune Tuch gestellt.
Wer von den Kindern gerne möchte, darf in die Erde fassen, sie berühren, erspüren.

○ Die Erde kann uns aus ihrem Leben erzählen, wenn wir sie in der Schale von Hand zu Hand im Kreis weitergeben:
Sie sagt vielleicht dieses:

– Ich bin offen.
– In mich kann man etwas hineinlegen.
– Aus mir wächst etwas Schönes.
– ...

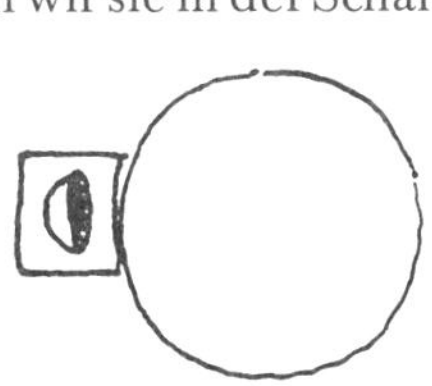

Der Letzte stellt die Erdschale wieder auf dem braunen Tuch ab.

○ Wir zeigen uns gegenseitig etwas von dem, was aus der Erde wachsen kann. Wir spielen es mit unseren Händen den anderen vor.

Die anderen dürfen es nachspielen und erraten (Gräser, verschiedene Arten von Blumen, Bäume . . .)

2. Wir betrachten Weizenkörner

○ Eine weitere Schale mit Weizenkörnern ist mit einem ockerfarbenen Tuch verdeckt. Wir bringen sie in den Kreis, einige Kinder dürfen hineinfassen und den Inhalt erspüren. Die anderen Kinder horchen, was sie hören können.

Wer in die Schale gefaßt hat, darf ein Weizenkorn entnehmen und es versteckt in seiner Hand behalten.

Er darf den anderen erzählen von Beschaffenheit, Form, von der Lebensgeschichte des Weizenkorns – ohne den Gegenstand zu benennen.

Die anderen Kinder raten.

○ Wir nehmen das Tuch von der Schale, legen es am Rande der Tischdecke ab.

○ Den übrigen Kindern wird ein Weizenkorn in die Handschale gelegt. Wir empfangen es mit geschlossenen Augen. Wer etwas erspürt, darf die Augen öffnen.

○ Wir erfühlen das Weizenkorn

○ Es spricht uns an und erzählt uns:

– Ich bin hart.
– Ich bin klein.
– Ich gehe leicht verloren.
– Aus mir kann etwas wachsen.
– . . .

○ Die Kinder legen nacheinander ihr Weizenkorn in die Erdschale. Wir singen dabei:

Text: Marianne Strasser
Mel.: Josef Strasser

3. Wir betrachten, wie das Weizenkorn wächst

○ Wir haben das Weizenkorn in die Erde fallen lassen. Wir zeigen mit unseren Händen, wie das Weizenkorn wächst und was es zum Wachsen alles braucht:

– es wird von der Erde zugedeckt, umhüllt
– es ruht den ganzen Winter lang
– im Frühjahr scheint die Sonne
– der Regen dringt in die Erde
– das Samenkorn wurzelt in der Erde ein
– es wird weit, keimt und sprießt
– es durchbricht die Erde als kleines, grünes Pflänzchen
– es wächst ins Licht, braucht viel Wärme und Sonne
– es wächst ein starker Halm
– daran hängt eine Ähre, schwer geworden läßt sie den Kopf hängen

○ Wir geben unseren Weizenkörnern, was sie zum Leben brauchen:

– wir bedecken sie mit Erde
– wir begießen sie mit Wasser – wir stellen sie ins Licht

○ Wir beobachten die kommenden Tage das Keimen und Wachsen.

○ Wir legen als Zeichen für Wasser und Sonne ein blaues und gelbes Tuch am Rand der Tischdecke ab. Darauf stellen wir eine Schale mit Wasser und legen mit goldenen und gelben Plättchen und Streifen eine Sonne.

Wir singen weitere Strophen des Liedes: Das Korn fällt in die Erde ...

2. *Die Sonne und der Regen sind für das Korn ein Segen,*
   damit es Leben bringt, damit es Leben bringt.

3. *Es keimt, es treibt, wird grün, es wächst, beginnt zu blühn,*
   damit es Leben bringt, damit es Leben bringt.

4. Wir betrachten Ähren

○ In ein gelbes Tuch gehüllt wird ein Bündel Ähren in die Kreismitte gebracht. Für jedes Kind sollte eine Ähre dabei sein.

– Wir befühlen ganz vorsichtig, was da eingehüllt sein könnte.
– Wir „entdecken“ die Ähren.

○ Wir legen das gelbe Tuch mit den Ähren an der Tischdecke an.
Der Lehrer nimmt die Ähren in die Hand und übergibt sie einem Kind. Dieses darf sie im Kreis tragen. So wird das Wertvolle und Wunderbare hoch gehoben, erhoben und zum Tragen gebracht.
Wir schauen die Ähren in ihrer Fülle.

○ Die Kinder schließen die Augen. Der Lehrer gibt jedem Kind eine Ähre in die geöffneten Hände. Wer etwas in der Hand spürt, darf die Augen wieder öffnen.
– Wir befühlen den Halm, die Ähre.
– Wir fahren mit unserer Hand von unten nach oben entlang und spüren die Länge, die Knoten des Halms, die Ähre selbst.
– Wir ertasten sie noch einmal mit geschlossenen Augen.

○ Wir singen:
Bald sich die Ähre zeiget, sich hin zur Erde neiget,
damit es Leben bringt, damit es Leben bringt.

○ Wir legen nacheinander unsere Ähre am Rande der Tischdecke im Kreis ab.
Wir erkennen einen Kranz – einen Ährenkranz.

○ Der Lehrer hält eine weitere Ähre bereit. Er perlt ein Korn aus der Ähre heraus. Er gibt die Ähre weiter. Jedes Kind darf ein Korn entnehmen. Wir raten und zählen die Körner, die aus einer Ähre gewachsen sind (20–30).
Wir sammeln die Körner in einem kleinen Schälchen.
Der Weizen hat 20 (30)fache Frucht gebracht.

○ Wir überlegen, was zum Wachsen des Weizenkorns alles wichtig geworden ist.
Wir schauen unser Bild und erkennen als Wirkkräfte:
– die gute, lockere Erde,
– die Arbeit des Bauern mit dem Säen des Korns,
– Sonne, Regen, Wind.

○ Auf das gelbe und blaue Tuch legen wir Bilder oder Gestaltungen von Ähren

○ Wir überlegen, wer den Dingen all die Kraft verliehen hat, wer hinter allem steht.

○ Wir entzünden die Kerze, geben sie von Hand zu Hand weiter und stellen sie dann in der Mitte ab.

○ Wir singen:

Gereift in Sonne, Regen, durch Gottes reichen Segen,
damit es Leben bringt, damit es Leben bringt.

○ Wir erkennen, daß viele Kräfte zusammenwirken müssen, damit etwas reift, rund und vollendet wird. Im Wachsen und Leben erkennen wir einen, der Leben schenkt – den Lebensspender.
Wir fassen uns an den Händen – So können wir beten:

Guter Gott!
Vieles muß zusammen wirken, damit das Korn reifen kann. Es braucht die Kraft der Erde, der Sonne, des Regens, des Windes. Es braucht die Arbeit des Menschen. Vor allem braucht es, guter Gott, deine Liebe. Du öffnest deine milde Hand und erfüllst alles mit deinem Segen. Dafür danken wir dir. Amen.

5. Wir betrachten Mehl

○ Wir überlegen, wie die Geschichte des Weizenkorns weitergeht, damit wir Nahrung haben und leben können . . .

○ Unsere ausgeperlten Körner einer Ähre versuchen wir zu Mehl zu mahlen.

Dies kann auf verschiedene Weise geschehen:
Mit zwei flachen Steinen zerreiben wir die einzelnen Körner. Oder wir zerstoßen sie mit einem Stößel in einer Schale. Wir können sie auch in einer Getreidemühle mahlen.
Das Getreidekorn muß wiederum seine Gestalt verlieren, um Mehl zu werden. Es wird zerstört, es stirbt, damit wir leben.

○ Die Schale mit den zerriebenen Körnern reichen wir von Hand zu Hand weiter.
Wir lassen die Körner sprechen:
– gemahlen und gerieben werden tut weh,
– ich werde zerstört,
– ich werde zu Mehl,
– aus mir kann man Brot backen . . .

○ Wir legen am Rande der Tischdecke ein weißes Tuch ab. Darauf stellen wir die Schale mit gemahlenen Körnern, die Steine, Stößel oder Kornmühle.

○ Wir singen:

6) Das Korn, es liegt bereit, zum Mahlen kommt die Zeit,
damit es Leben bringt, damit es Leben bringt.

6. Wir backen Brot

○ Wir zeigen in einem Handgestenspiel, wie Brot gebacken wird. Dazu dürfen die Kinder raten und dann nachspielen:
– eine Schüssel wird dargestellt,
– dahinein schütten wir Mehl,

– wir gießen Wasser dazu,
– wir streuen Salz hinein,
– Sauerteig wird dazu gegeben,
– der Teig wird gemischt und geknetet,
– der Teig muß ruhen und geht auf,
– der Teig wird zu einem Laib geformt,
– das Brot wird in den Ofen geschoben,
– im Ofen brennt das Feuer,
– wir holen das gebackene Brot wieder heraus.

○ Wenn wir Brot nicht selbst backen können, betrachten wir den Vorgang des Brotbackens mit Hilfe der Dias Nr. 6–10, Kommunionunterricht von Elmar Gruber, Impulsstudio.

○ Wir erkennen, daß Gebackenwerden bedeutet: ins Feuer kommen. Wir legen an den Rand der Tischdecke ein rotes Tuch. Wir legen oder gestalten darauf ein Feuerbild.

○ Wir singen:

Geformt, gebacken zu Brot, stillt es die Hungersnot,
und so uns Leben bringt, und so uns Leben bringt.

7. Wir teilen Brot

○ Der Lehrer hat ein Brot mitgebracht. Es liegt auf einem runden, weißen Deckchen.

– Wir reichen das Brot im Kreis weiter.
– Wir beschauen den runden Laib.
– Wir riechen seinen Duft.

○ Der Lehrer segnet das Brot mit dem Zeichen des Kreuzes.
Der Segen des Himmels, die Kraft der Erde und die Mühe der menschlichen Arbeit sind in diesem Zeichen vereint. Es kann so ein Erahnen dieser Zusammenhänge von Natur, Mensch und Schöpfer geweckt werden und die Haltung der Ehrfurcht vor dem täglichen Brot.

○ Der Lehrer schneidet das Brot in der Mitte durch, und davon eine Scheibe ab.

– Die beiden Brothälften werden auf die Tischdecke in der Mitte zur Kerze gelegt.
– Wir teilen die eine Scheibe Brot miteinander.
– Wir reichen die Brotscheibe im Kreis weiter und jeder darf sich ein kleines Stück abbrechen. Wir müssen darauf achten, daß es für alle reicht.
– Wir halten das Brotstückchen in der Hand und warten, bis jeder etwas hat.

○ Wir singen: Text und Melodie: Marianne Strasser

○ Wir sprechen ein Dankgebet.

○ Wir essen das kleine Stückchen Brot und erspüren den Geschmack und die Kraft.

○ Wir reichen einander die Hände und wissen uns verbunden durch das gemeinsame Essen des Brotes und erspüren so die Lebenskraft, die das Brot schenkt.
– Wir singen: *Wir dürfen hier verweilen, Brot miteinander teilen,*
weil Brot uns Leben bringt, weil Brot uns Leben bringt.

○ Wir legen ein schwarzes Tuch an die Tischdecke an.
– Was will es uns sagen? An was denken wir? Viele Menschen leiden Not, haben Hunger und keine Lebenskraft.
– Für sie wollen wir bitten: „Unser tägliches Brot gib uns heute."
– Die Kinder tragen einzelne Fürbitten vor, wir wiederholen jeweils die Vater-unser-Bitte.
– Wir schreiben die Vater-unser-Bitte auf ein Blatt und legen es auf das schwarze Tuch.

8. Wir feiern Erntedank – wir danken für Gottes Geschenke

○ In Gruppenarbeit überlegen wir, was wir täglich zum Leben brauchen und was uns geschenkt ist. (Obst, Gemüse, Blumen, Bäume, Sonne, Regen, Kleidung, eigenes Zuhause, Eltern, Freunde, unser Leben.)
– Die Kinder tragen die Ergebnisse der Gruppenarbeit vor.
– Nach jedem Gruppenbericht folgt der Liedruf:
Danke, danke sagen wir. Gott wir danken dir.

Erstellung der Collage

Gebraucht werden: rotes Tonpapier (70 cm x 100 cm) oder 2 Bögen (70 cm x 50 cm); acht Scheiben hellgrünes Papier, (d = 13 cm); 8 gelbe Scheiben in Blütenblattform, (d = 15 cm); eine Karte gelben Tonpapiers, (h = 10 cm, b = 50 cm);
Auf den grünen Scheiben wird der Weg des Korns zum Brot dargestellt; auf den Blütenblättern zeichnen Kinder, wofür sie Gott anläßlich des Erntedankfestes danken. Für die Bildmitte wird ein Kind mit offenen Händen gezeichnet.

WIR danken für das LEBEN

Erntedank
Guter Vater, du schenkst uns
die Erde
die Sonne und den Regen,
den Weizen,
das Mehl,
das Brot.
Wir danken dir dafür!

WIR SIND EINE LEBENDIGE KIRCHE

INTENTION

Es scheint mir am Beginn dieser Einheit wichtig, „Haus" in seinen inneren und äußeren Dimensionen in Erfahrung zu bringen. Das Haus als Gebäude, als Ort, gibt Raum und Schutz, gewährt Sicherheit, schließt ein und eröffnet, bewahrt und birgt. Im Haus sein bedeutet aber nicht selbstverständlich „zu Hause" sein. Doch kann das äußere Bild des Hauses etwas vom „innerlichen Prozeß" aufzeigen. Ich bin zu Hause bedeutet: Ich fühle mich wohl, weil ich einen Platz, einen Raum zu meiner Entfaltung habe. Ich weiß mich geborgen und beschützt, weil Wärme, Menschlichkeit, Herzlichkeit dieses Haus erfüllen. Es ist ein Ort der Begegnung, wo sich Menschen freuen können, miteinander reden, essen, feiern. Da wird es spürbar, daß Menschen zusammengehören, zusammenhalten, daß Menschen sich mögen und lieben. Aus diesen „Hauserfahrungen" wird es erst möglich sein, die Kirche nicht nur als Gebäude aus Stein zu betrachten, sondern als Ort lebendiger Beziehungen von Menschen. Ja, sie wird zum Ort, wo wir die Quelle unserer menschlichen Beziehungen sichtbar machen, wo wir diese Quelle finden und aus ihr schöpfen.

ERFAHRUNGEN

1. Wir bauen und gestalten ein Haus

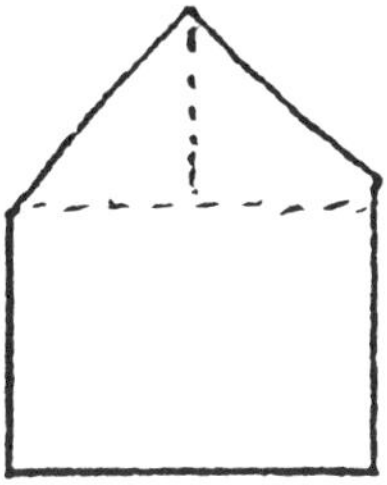

○ Die Schüler sitzen im Kreis. Mit einem Tuch oder aus Tonpapier legt der Lehrer vor sich ein Haus.

○ Wir schauen das Haus und spielen leibhaft, wie ein Haus gebaut wird:

– festes Fundament — Die Füße stehen fest auf dem Boden.

– Mauer — Einer gibt dem anderen nacheinander die Hand (Stein auf Stein . . .

Die Mauern werden hochgezogen: die Hände gemeinsam hochnehmen, dann aufstehen.

– Dach — Wir halten beide Arme wie ein Dach vor uns.
– Fenster, Türen — Wir spielen Öffnen und Schließen.

○ Wir sprechen über die Bedeutung eines Hauses: Es gibt Schutz, Wärme, Sicherheit . . .

○ Wir machen „Hausspiele“: Was kann ich im Haus alles tun? Einer zeigt vor, die anderen raten (waschen, essen . . .)

○ Wir sprechen über das Leben, das sich im Haus vollzieht. Was macht das Haus zum Zuhause?

○ Jeder Schüler legt vor sich ein Haus aus verschiedenfarbigen Tüchern oder Tonpapieren. Wir alle wohnen in einem Haus. Jeder will ein schönes Zuhause haben.

○ Wir gestalten unser Haus, damit wir uns darin wohlfühlen. (Wir schmücken unser Haus mit Legematerial oder bemalen das Tonpapierhaus.)

2. Wir bauen das Gotteshaus

○ Wir sitzen im Kreis. Jeder Schüler hat sein gestaltetes Haus vor sich liegen. Wir schauen unsere Häuser im Kreis: „Wie in einem Dorf stehen sie rund um einen Platz. Jeder wohnt in einem Haus.“

○ Wir füllen die Mitte mit einem weiteren Haus. Aus mehreren Tüchern oder aus einem Leintuch wird in die Mitte ein Haus gelegt.

○ Wir überlegen, welche Bedeutung das Haus in der Mitte des Dorfes haben könnte.

○ Wir kennzeichnen dieses Haus als Gotteshaus, als Kirche.

– Aus weiteren Tüchern wird ein Turm dazu gelegt.
– Eine große Türe führt in dieses Haus hinein. Sie ist für alle offen.
– Eine Glocke hängt im Turm. Was will uns die Glocke sagen?

Jeder Schüler darf zur Mitte kommen, die Glocke läuten und aussprechen, was die Kirche durch die Glocke sagen möchte. (Ich habe meine Tür immer offen, jeder kann hereinkommen, in mir findest du zu Gott, ich bin gern gefüllt mit vielen Menschen ...)

3. Wir bauen eine lebendige Kirche

○ Wir überlegen, was unser eigenes Haus und das Gotteshaus gemeinsam haben. Wann bin ich zu Hause? Wann fühle ich mich wohl? Was macht eine lebendige Kirche aus?

Wenn die Menschen sich in der Kirche treffen, wenn sie aus ihren Häusern kommen und sich in der Kirche versammeln, wird etwas von Kirche lebendig.

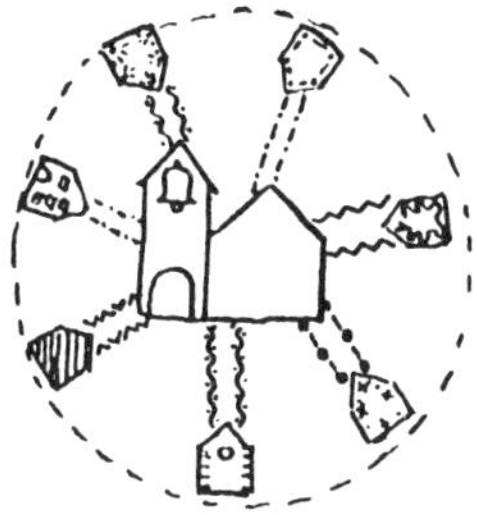

○ Wir gehen den Weg zur Kirche mit unseren Augen ab. Wie wollen wir gehen? Nehmen wir jemanden von zuhause mit? Wir zeigen den Weg mit unseren Händen ...
Jeder legt seinen Weg mit verschiedenem Legematerial.

○ Wir gehen in die Kirche. Wenn die Menschen in die Kirche eintreten, begrüßen sie den, der in der Kirche wohnt. Sie verneigen sich oder machen eine Kniebeuge. Dann suchen sie sich einen Platz in der Kirche.

Wir verneigen uns und legen ein Zeichen von uns in der Kirche ab. (Oder wir haben eine Scheibe aus Tonpapier bemalt und legen sie als Zeichen für uns in der Kirche ab.)

○ Wir überlegen: Wenn die Menschen in die Kirche kommen, versammeln sie sich um Gott, um Jesus: Wir suchen die Mitte in unserer Kirche und laden Jesus ein, in unsere Mitte zu kommen:

Dabei entzünden wir die Jesuskerze und stellen sie in die Mitte.

Text und Melodie:
Marianne Strasser

○ Als Einladungsvers singen wir:

– Jesus, wir laden dich ein,
– du sollst in unserem Leben sein;
– du sollst auch unsere Freude sein;
– du sollst auch unsere Hoffnung sein;
– du sollst in unserem Herzen sein;
– du sollst auch unsre Verbindung sein.

4. Wir helfen mit, daß wir eine lebendige Kirche sind

○ Die Schüler sitzen an ihrem Arbeitsplatz. Der Lehrer heftet an die Tafel ein Bild von einer Kirche, wenn möglich, von der eigenen Pfarrkirche. So können die bisherigen Erfahrungen und die nachfolgenden Überlegungen besser mit der eigenen Gemeindesituation verknüpft werden.
Wir haben überlegt und im Bodenbild aufgezeigt, wie unsere Kirche lebendig wird. Wir sammeln die Ergebnisse an der Tafel. Wir sind eine lebendige Kirche, wenn wir miteinander zur Kirche kommen, miteinander feiern, miteinander beten ...
Die Schüler übernehmen die Tafelanschrift als Hefteintrag.

5. Wir feiern die lebendige Kirche

○ Wir versammeln uns um unser Bodenbild. Wir singen und tanzen das Lied: Laßt uns eine Kirche baun ...
Bei jeder Strophe des Liedes (die Kinder können weitere Strophen dazufinden) wird ein goldener Streifen vom eigenen Haus als Strahl abgelegt. So wird schaubar, was im Lied Ausdruck findet und erfahrbar werden soll: Wir sind eine lebendige Kirche und an dieser Freude dürfen alle Menschen teilhaben.

6. Erstellen der Collage

Jedes Kind zeichnet sich selbst (Kopf und Schultern) auf ein weißes Papier (7 x 5 cm). Die grüne Farbe soll dabei vermieden werden, weil der Hintergrund grün wird. Die Figur wird ausgeschnitten ...
Jedes Kind zeichnet eine weitere Person, die zur Kirche gehört. Dabei soll eine Vielfalt zum Ausdruck kommen (Menschen verschiedener Hautfarbe, alte und junge Menschen ...) Auch diese Figuren werden ausgeschnitten. Aus rotem Tonpapier werden das Dach und die Zwiebelhaube für die Kirche ausgeschnitten. (Untere Dachlänge: 35 cm)
Das Dach, die Zwiebelhaube und die Personen werden auf ein grünes Tonpapier (70 cm x 50 cm) in entsprechender Weise aufgeklebt. Die Collage wird beschriftet: WIR sind eine LEBENDIGE KIRCHE.

Laßt uns eine Kirche baun

Text und Melodie:
Marianne Strasser

2) Laßt uns eine Kirche baun, wo alle Menschen fröhlich schaun!
Keiner fühlt sich mehr allein und braucht nicht länger einsam sein.
Ich fang jetzt zu wiegen an, dann ist ein erster Schritt getan.

3) Laßt uns eine Kirche baun, wo alle Menschen fröhlich schaun!
Einer nimmt den andern an und spürt, daß er vertrauen kann.
Ich fang jetzt zu streicheln an, dann ist ein erster Schritt getan.

Tanzbeschreibung:

Laßt uns eine Kirche baun,	Zwei Kinder stehen sich gegenüber, bilden mit ihren Händen eine Kirche.
wo alle Menschen fröhlich schaun.	Die Kinder neigen den Kopf nach links und nach rechts und lächeln sich an, und wiegen dabei hin und her.
Jeder weiß, er wird geliebt	In die eigenen Hände klatschen, bei „geliebt" in die Hände des Partners klatschen.
und daß Gott ihm die Freude gibt	Hüpfen
Ich fang jetzt zu tanzen an, wiegen an, streicheln an,	Die Kinder tanzen wiegen streicheln

dann ist ein erster Schritt getan.

Die Kinder denken sich selbst weitere Möglichkeiten aus (klatschen, schnalzen ...)

WIR sind eine
LEBENDIGE
KIRCHE

Unsere Kirche
Wir sind eine lebendige Kirche, wenn wir
zusammengehören,
uns mögen,
teilen,
miteinander beten,
miteinander feiern,
miteinander essen,

EIN STERN FÄLLT IN DIE NACHT

INTENTION

In der Mitte der Nacht beginnt der neue Tag, sagen wir. In der Mitte der Nacht feiern wir die Geburt dessen, der uns das neue Leben bringen und uns den Himmel öffnen will. Als Morgenstern der finsteren Nacht besingen wir diesen Jesus und als güldene Sonne. In ihm geht der Himmel über uns auf, auf uns über, die Weite des Himmels, seine Fülle, sein Licht. So dürfen und wollen wir in allen Nächten unseres Lebens, insbesondere in der dunklen Stunde unseres Todes, auf diesen Morgenstern Jesus hoffen. Kindern anfänglich und, entsprechend ihrem Erfahrungshorizont, etwas von diesem Morgenstern erahnen zu lassen, ist Intention meines Unterrichts.

ERFAHRUNGEN

1. Sich öffnen

○ Wir sitzen im Stuhlkreis. Ich gestalte mit Seilen, bzw. Rhythmiktüchern als Bodenbild ein Tor.

– Die Kinder assozieren dem Bild ensprechend Türe, Tor.

– Wir übernehmen das Tor in die Gestik, allein – zu zweit – in der Gesamtgruppe.

– Wir spielen verschiedenartige Türen, z. B. Schwingtür, Drehtür, sich selbst öffnende Tür, Garagentor, usw.

○ Wir nehmen Augen, Ohren Nase, Mund als Türen, Tore wahr und öffnen, schließen sie. Das gleiche gilt für die Hände, die Leibgestalt.

– Als öffnendes Zauberwort singen wir:

– Im Gespräch klären wir, was durch unsere Sinnestüren alles in uns hineingelangt, bzw. herauskommt.

– Wir denken nach, was damit gemeint ist, wenn wir von einem verschlossenen, bzw. offenen Menschen sprechen.

– Als bekanntes und zum Thema passendes Lied können wir singen: „In mir da, gibt es viele Türen“ (siehe Heft S. 9)

○ Ein Kind tritt in das Tor (Bodenbild). Es schließt die Augen.
– Ich führe es in die Vorstellung, die Tür sei verschlossen. Sie würde sich aber nun öffnen. Wohin öffnet sich die Türe? Wohin kann ich schauen? Wo trete ich ein? (Das Träumen kann mit leisem Spiel auf dem Glockenspiel oder einer Musikdose untermalt werden).
  Das Kind kann sich nach einer Weile äußern.
– Weitere Kinder treten in das Tor.
– Wir träumen alle gemeinsam, wir stünden vor dem Tor und es öffnet sich uns. Wohin? Wo führt es uns hinein?

2. Sterne schauen – Sterne sein

○ Wir entdecken einen Stern! (Kinder decken zwei quadratische, gelbe Tücher auf, die einen großen, kostbaren Strohstern enthalten).

○ Wir schließen die Augen und träumen unter leiser Musik vom großen dunklen Nachthimmel und wie dort die Sterne einzeln aufleuchten, bis der ganze Himmel von ihnen übersät ist.

○ Wir spielen leibhaft, wie Sterne aufleuchten. Ich schlage eine Fingercymbel an.
– Bei jedem Ton „leuchtet“ ein Kind mit seinen Händen auf.
– Wir spielen gemeinsam, wie die Sterne funkeln und glitzern.
– Wir gehen als funkelnde Sterne durch den Raum. Unser Gehen wird untermalt durch Glockenspiel, bzw. entsprechende Meditationsmusik. Wir können auch dazu singen:

Text und Melodie:
Franz Kett

*2. Wir sind die Sternenkinder.
Wir leuchten wunderschön.
Am großen weiten Himmel
kannst du uns leuchten sehn.*

*3. Wir sind die Sternenkinder.
Wir leuchten in der Nacht.
Am großen weiten Himmel,
da strahlen wir in Pracht.*

*4. Wir sind die Sternenkinder
am Himmel – Himmelszelt.
Wir leuchten und wir funkeln
hinein in diese Welt.*

3. Ein Stern bringt uns eine Botschaft

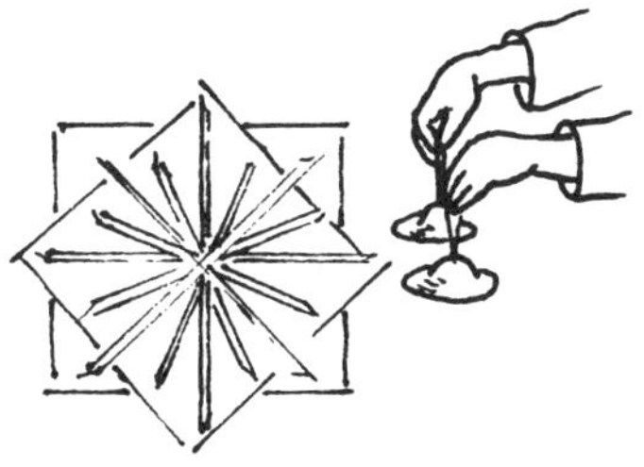

○ Ich trete mit den Fingercymbeln zu unserem Tor, schlage sie an und lasse den Stern sagen: „Ich leuchte in der dunklen Nacht."
– Wer von den Kindern will, darf gleichfalls zum Stern treten, die Fingercymbeln schlagen und Sprachrohr des Sterns sein, z. B. „Ich zeige den Weg. Ich führe dich," etc.

○ Wenn die Kinder nicht selbst auf den Weihnachtsstern zu sprechen kommen, führe ich sie dahin, z. B. durch den Impuls: „Ich bringe euch eine Botschaft. Könnt ihr sie verstehen?"
– Als Aussagen erwarte ich: „Bald ist Weihnachten. Ich stehe über einem Stall. Ein Kind wird geboren."

○ Ich erzähle den Kindern, daß es ein Lied gibt, in dem von Jesus als dem „Morgenstern der finsteren Nacht" gesungen wird.
– Wir überlegen gemeinsam, was mit dieser Aussage wohl gemeint sein mag.
– Ich ergänze die Aussagen der Kinder, berichte, wie vor 2000 Jahren die Menschen auf den Erlöser gewartet haben; daß es Weissagungen gab, daß der Heiland kommen wird gleich einem hellen Stern in der dunklen Nacht.

4. Ein Kind wird uns geboren

○ Wir öffnen unsere Hände mit dem Ruf: „Macht hoch die Tür, die Tor macht weit!“

– Ich lege einem Kind die Figur eines Jesuskindes in die Hände.

– Das Jesuskind wird behutsam von Kind zu Kind gereicht. Wer mag, darf dem Jesuskind auch etwas sagen, z. B. „Ich habe dich lieb,“ etc.

○ Unser Jesuskind wird in unseren Stern gelegt.

Wir singen dazu:

Text und Melodie: M. Strasser

2. *Ein Kind ist uns gebor’n, es ist so zart, so zart. Gottes Liebe hat’s erkor’n in ganz besond’rer Art, in ganz besond’rer Art.*

3. *Ein Sohn kommt in die Welt. Er ist so hold, so klein. Unser Leben ist erhellt. Wir nicht im Finstern sein, wir nicht im Finstern sein.*

3. *Ein Sohn kommt in die Welt. Er ist so hold, so klein. Unser Leben ist erhellt. Wir sind nicht mehr allein, wir sind nicht mehr allein.*

○ Die Kinder überreichen einander bereitgelegte Strohsterne. Sie dürfen sich dabei gute Wünsche sagen, z. B.: „Leuchte wie ein Stern! Freue dich, Jesus ist geboren,“ u. a.

○ Wir legen unsere Strohsterne im Tor rund um den großen Stern mit dem Jesuskind ab. Wir bringen die Sterne zum Leuchten, indem wir Teelichter dazustellen.

5. Wir sagen die Botschaft über Weihnachtskarten weiter

Wir erstellen Weihnachtskarten,
indem wir selbstgebastelte Strohsterne auf postkartengroße blaue Kartons kleben und mit dem Schriftzug versehen: „Mit Jesus kommt der Himmel auf die Erde."

Eine andere Möglichkeit wäre: Wir zeichnen ein Fatschenkindl, versehen den Korpus mit verschiedenfarbigen Borten, kleben das Jesuskind auf entsprechend großes Tonpapier. Wir können das Kind auch noch mit einem Strahlenkreuz versehen.

In ähnlicher Weise, nur mit entsprechend größeren Maßen und arbeitsteilig, wird die Collage verfertigt. Die Aufschrift heißt:

Ein STERN fällt in unsere NACHT

Ein STERN
fällt in unsere NACHT

Weihnachten
Macht hoch die Tür, die Tor macht weit,
es kommt der Herr der Herrlichkeit.
Ein Stern fällt in unsere Nacht.